# 吉林通志

## 四

[清]長順 訥欽 修
[清]李桂林 顧雲 纂

吉林通志卷二十二

輿地志十　山川五　水道上

松花江之水第一

長白山在吉林東南去府城六百餘里高二百餘里其巔有潭曰闥門周二十九里有奇松花江出其北

松花江即混同江也本名松阿哩烏拉魏曰速末水魏書勿吉傳國有大水闊三里曰速末水唐曰粟末新唐書靺鞨傳粟末靺鞨依粟末水以居遼曰鴨子河改曰混同江遼史地理志長春州韶陽軍本鴨子河春獵之地聖宗太平四年改鴨子河爲混同江混同之名始見於此金元及明皆曰宋瓦金史地理志上京路有宋瓦元一統志混同江俗呼宋瓦江明一統志混同江舊名粟末

河俗呼宋瓦江明宣德時始有松花江之名明史宣宗本紀宣德八年造船於松花江前此淇武時呼曰松花河見馮勝傳蓋猶未有江名一統志於混同江外别出松花江蓋誤分爲二辨見後粟末宋瓦速末松花聲轉字通實皆一水混同則水之一名非有兩江而自古以來稱號多殊源流復舛重紕貤謬特爲疏通而證明之契丹國志曰混同江古之粟末河黑水也大金國志曰長白山黑水發源於此舊名粟末河契丹改名混同江松漠紀聞曰黑水掬之微黑契丹目爲混同江是皆以黑水爲混同江也而金史世紀直云混同江亦號黑龍江考黑龍江出喀爾喀北界東南流與混同江會混同

江自長白山北流折而東與黑龍江會截然兩源似不應認爲一水原其致誤蓋亦有由考唐書室韋傳室韋水東流與那河忽汗河合又東經南黑水靺鞨之北北黑水靺鞨之南云云那河今之嫩江也忽汗河今之瑚爾哈河也松花江於伯都訥境受嫩江又東流於三姓北受瑚爾哈河又東北流於黑河口與黑龍江會唐書所云南北靺鞨皆在今混同江南北之地而當時被以黑水之名蓋由互受通稱而葉隆禮諸人遂誤以下游交會之名施之上游之地耳而金史地理志肇州始興縣有鴨子河黑龍江考肇州

爲今伯都訥地不得有黑龍江蓋猶是世紀混同江亦號黑龍江之說而不知混同卽鴨子河之改名是誤分一水爲二水也又曰上京有混同江鴨子河宋瓦江考混同江卽宋瓦江遼史稱卽鴨子河金志云爾是又分一水而爲三矣凡此皆稱名之誤也唐書曰粟末河西北注它漏河考它漏河卽今滔爾河入嫩江以達松花江此反謂松花江注它漏河本末殊爲倒置許亢宗奉使行程錄曰古烏舍寨枕混同江其源來自廣漠之野遠不可究自此南流五百里接高麗鴨渌江夫混同江出長白山會黑龍江東入海

乃云來自廣漠之北南流會鴨淥江其誤亦與唐書同其後元明統志及黃氏今水經舛誤尤甚元一統志云混同江源出長白山北流經舊建州西五十里會諸水東北經故上京下達五國頭城東北注海其所云舊建州故上京皆渤海所立建州今敦化縣境上京今甯古塔境皆牡丹江所經地是誤以瑚爾哈河即牡丹江爲混同江也明一統志云混同江在開原城北一千五百里源出長白山北流經金故會甯府下繞五國頭城東注於海其誤與元志同但元志所云上京係渤海之上京明志不知而取金之會甯府今阿

勒楚喀地以實之遂使怨汗卽瑚爾哈混同兩無所施是誤而又誤也志又云松花江在開原東北一千里源出長白山北流經故南京城合輝發江混同江東流注海考金史以宋瓦混同分爲二水明志復以松花混同分爲兩江同一謬誤而更以爲松花江合混同江則其誤彌甚今水經曰混同江源出長白山北流逕金會甯府過五國城又北合松花江東入於海又曰松花江源出長白山北流逕金故南京城合黑龍江至海西入於混同江旣云混同江合松花江又云松花江入於混同江蓋兩沿元明統志之訛而更加之附

會凡此皆源流之舛也松花江爲東北巨川而千載沿訛莫得一是將使捜渠訪瀆何所據依恭讀

高宗純皇帝御製詩注曰松花江本以松阿哩烏拉得名松阿哩國語謂天河也是知粟末諸名實皆松阿哩一聲之轉而殊名異號於此兼貤第唐時粟末之稱僅至嫩江而止唐書靺鞨傳粟末部居最南抵太白山依粟末水以居水源出山西北注他漏河稍東北曰汨咄部又曰粟末之東曰白山部他漏河爲今滔兒河於伯都訥西北境注嫩江而同入松花江汨咄北史作伯咄金史作部渚濼粟末之部至此易名是不爲下游通稱之證遼時鴨子河之號特專指長春一隅遼史營衛志鴨子河濼東西二十里南北三十里在長春縣東北三十五里凡本紀所云如鴨子河者舉不出此一隅之地是不爲上下游通稱之證而今之

松花混同二名實爲上下游之通稱然取發源高遠之義則自長白山以下宜定名曰松花江即松阿哩之義論其受三江嫩江烏蘇哩江黑龍江之大則自嫩江以下始宜稱曰混同江會典圖說如此因地定稱各有攸屬義符於古名應其實則源流不紊而名號秩然矣至於脈其枝流之吐納診其沿路之所躔則别爲水道記詳於後焉

松花江屈西北流百餘里額赫諾因河三音諾因河合哈勒琿穆克河自西南流來注之

額赫諾音河源出長白山西北奔流激急是以有額赫之名矣

國語額赫不善也土人謂之急泉子西北流百餘里與三音諾因河會河亦出長白山北流數十里哈勒琿穆克河自西來入之河出斐德里山東即西幹西行之大山東去長白頂二百六十里即湯河也土人亦謂之温泉熱如沸湯有氣上蒸如霧東北流百餘里會兩諾因河東流入松花江

又西北行三十里雖哈河自西來入之雖哈河發源斐德里山北麓兩泉歧出行十餘里而合東北流百餘里入松花江

又西北行十餘里那爾琿河自西南來入之

那爾琿河源出佛思亨山東北流百餘里來入松花江

又北有尼石哈自西來入之

尼石哈河亦出佛思亨山合兩源東北流數十里入於松花江

又直北行百餘里有大小圖拉庫河尼雅穆尼雅庫河合富爾哈河自東來入之

兩圖拉庫河皆源出長白山嶺正當鴨綠江源之北在西曰安巴圖拉庫在東曰阿濟格圖拉庫

國語安巴大也阿濟格小也圖拉庫瀑布也激湍奔注

直下千尋是以有圖拉庫之名矣兩水東西相距十餘里分流北行百餘里入於尼雅穆尼雅庫河河亦出長白山合兩源北流百數十里折西流受兩圖拉庫河屈西北流百里許會富爾哈河富爾哈今亦謂之富太河出平頂山西北諸峯在黑山之北百里亦幹山北行而分支一趨東北一趨西北趨西北者爲尼雅勒瑪哈達哈達國語峯也蓋琿春之西界也直西流百餘里入吉林府界又西百里許折北流與東來之古洞河會河亦出琿春西界山中直西流百餘里入吉林府界北岸界敦化縣又西百里許與富太河會合成一川又西百里許折南流與兩圖拉庫河會合西流受南

來之塞珠倫河（河長百餘里）折西北流薩穆什河自東來入之（河出塞齊窩集合兩源西南流入富太河）合西北流百數十里入於松花江

屈西北流數十里經蜂蜜磖南輝發河自奉天海龍廳界合數十水東北流來入之

輝發河一名柳河源出奉天通化縣界南山城北流七十里經北山城南合白銀河東北流二十里經海龍廳東合押鹿河大沙河又東流三十里經朝陽鎮西合伊通河（此奉天伊通河也一曰一統河與在吉林者別）又東合三屯河又東流十餘里經輝發城北又名輝發

江又東流十餘里合亮子河蝦螟河又東北流入
吉林伊通州東南界南岸仍隸海龍當石河自北
來注之又東逕茶條崴子又東逕欒家屯南受交
河一作角哈河源出海龍廳四方頂子山北流七十餘里入輝發河西岸仍隸海龍復東
合二岔河即棱爾和也出伊通州東南佛思亨山北流數十里入輝發河自此而
東河之南岸亦入吉林界又東北逕欒家岡北受
巽山屯河河出伊通州東南牛心頂子山南受托佛河一呼託佛畢拉源出
伊通州東南大北岔山又東北逕窩窿山南受報馬川河出伊
通州東南三岔山兩源歧發合成一川入輝發河北受細鱗石頭二河河竝
出州東南三箇頂子山南流入輝發河又東北逕亂泥溝北受通順

屯陳家屯二河南受橫德屯智德屯二河諸河並出伊通州東南諸山又東北受富太河河出伊通州東南松樹頂子山屈南流復西合小水二入輝發河又東北受邑勒河河出伊通州東南四方頂子山北流西合小二水東合小水一北注輝發河又東北逕永福屯北受獨立屯黑石頭街豬嵩磖子諸河並出伊通州東南孤頂子北受頭二三四五道諸溝河并出伊通州東南松陰又東北呼蘭河自北來注之河出伊通州東南七箇頂子山東南流七十餘里入輝發河南受法河即發河也土人謂之法畢拉國語謂河為畢拉或於畢拉更加河字誤也源出伊通州東南大旺屯東流而北南合小水一東合小水一北流百里許入輝發河是為法畢拉口與呼蘭河南北相直如十字焉折東北流河之北岸入吉林府界又東三

十餘里南受蘇密河 河出伊通州東南大肚川西受小水一北流七十里入輝發河 又東有公河自南來入之 公河即滾河也公滾聲轉 國語曰固恩則滾字之切音本曰公畢拉畢拉或作別拉今遂呼爲公別河則誤之甚亦出伊通州東南大肚川兩源歧發東受小水一北流六十餘里入輝發河 又東受大簸箕河又東受小簸箕河 河竝出伊通州東南簸箕岡分流北行六十餘里各入輝發河 又東受南來小河五 曰五道溝四道溝三道溝二道溝頭道溝竝出伊通州東南船底山分流北行入輝發河 又東北逕夾信子大萬兩河自南來入之 河出伊通州東南那爾轟嶺東北流七十餘里受南來小水一又北流受西來小水一又東北流小萬兩河自西來入之少東受南來之家基河又直北百里許由夾信子東入輝發河其東岸皆吉林府界 又東北兩岸皆吉林府界矣又東北金沙河

自西北來入之即奇爾薩河也源出吉林府西南牛心頂子山東南流七八十里受西來小水一折東流受北來小水一又東南逕密什哈屯西入輝發河又東流逕輝
發河卡倫北入松花江　此河自發源處東北行
七百餘里合小水之有名者四十餘凡伊通州東
南吉林府西南諸山衆流畢匯水勢幾與松花江
相埒是以土人稱其下流總曰吉林烏拉也
屈東北受密什哈溝
溝出吉林府東南蜂蜜砬子山行三十餘里南入
松花江
又東北逕樺樹林子西大小木欽河自南來注之

木欽河卽穆辰河也一作穆禽源皆出塞齊窩集分流數十里西北入松花江

屈西北逕大卡倫東大英溝河自北來注之又東逕風倒木溝南小加皮溝河五虎石河並自南來注之

兩河並出吉林府東南塞齊窩集西北流數十里入松花江

少東逕荒溝屯北古洞河自東南來入之

古洞河土人謂之咕咚河源出富爾嶺西流逕上帽山南又西折北流由荒溝屯西入於松花江

又東逕荒溝屯北北東受大嘎哈溝小嘎哈溝二河又

東北逕朝陽坡東東受漂河西受柳樹河又東北逕

榆樹崴子南北受牤牛溝河

大嘎哈溝河出上帽山小嘎哈溝河出下帽山漂河出富爾嶺北逕漂河崴子南西入松花江柳樹河出半拉窩集南東流數十里入松花江與漂河相直也牤牛溝河出荒地溝屯南西入松花江

又東北拉發河自東北來注之

拉發河源出吉林府東北霍倫川西卽金史世紀之和掄水也河出其間西南流四十里北受大沙河河出吉林府東北楊木岡東流折而南有樺樹河河出自五常廳永發屯南流七十里來會合爲

一逕中開元屯東後開元屯西復南流八十里入拉發河又西南逕土山少西逕龍鳳口北受石頭河河一作十道河出吉林府東北石頭頂子東凡南流一百二十里由土山西南入拉發河又西南逕苦巴河屯又西南逕下水銀屯東受大交河一曰角哈河源出吉林府東南土磖子即伊努山也西流七十餘里入拉發河又西南逕杉松街又西南逕大小瓜旗屯凡行三百餘里西注松花江

又西北逕四道卡倫北南受瑪延河

河出吉林府東南大團山逕三道溝之西二道溝之東屈曲行五十里許北入松花江

北受響水涼水二河

二河並出吉林府東南堪達山土人呼康大硙山南入松花江

又西北逕大沙石戶屯西受大小牸牛溝河並出頭道溝

直北流逕新店屯西大富太河自東來注之

河出杉松嶺北西流七十里逕張家灣南入松花江

又西北逕帽兒硙石東東受小富太河少北受雅們河西受依蘭嘎哈河

小富太河出楊木頂子西流四十里許雅們河今

曰新開河出雅們嶺西南流三十里並入松花江

依蘭嘎哈河出摩天嶺卽庫勒訥窩集也東流數十里入松花江

又西北逕小窩集屯北南受海蘭河

海蘭泃今曰海浪河亦出摩天嶺北流折而西凡七十餘里東入松花江

又直北逕羊硝子東額赫穆河自東來入之

額赫穆河出吉林府東南那穆窩集今曰磬兒嶺西流百里許逕小孤家子唐家崴子大五棒溝南折南流西入松花江

屈西北逕舍利溝南西受小舍利河

舍利河今曰舍林河出府南窩集東入松花江

又西北逕大風門西大風門河自西來入之又西北

逕雙鳳屯東東受小五棒溝河又西北逕無極哨屯

西西受桂子溝河又西北逕蓮花泡屯西東受十景

溝河西受河濟格哈達河

諸河並出府南窩集分入松花江

屈東北逕馬家屯西溫德赫恩今曰溫德亨河自西來注

之

河出吉林府西南大黑山東直北流逕火龍屯又

西北逕六家子西折東北逕馬安屯西又北逕拉拉街東北受大水河河一曰綏哈河出吉林府西四十里楊木林屯南入溫登河又東北逕孤榆樹屯又逕八里屯入松花江自發源至此凡百餘里明一統志溫圖原作穩禿河在開原城北五百里源出坊州北山北入松花江

盛京志引作溫登河圖登聲轉登德音近以道里音譯求之即此河矣

又東北過吉林城南直東流十餘里折北流東受小河二又北逕東團山西東受小河一折西北流逕龍潭山西依罕阿林河自東來入之

依罕阿林河出吉林府東南牛心頂子

國語依罕謂牛阿林謂山水出其山因以名焉西流逕

葦塘溝南南受嘎雅河（河出府東南荒山屯北入依罕河）又西逕

上達屯北南受雙岔河（河出府東南火盤溝屯）合西流入松

花江凡行一百一十餘里

少西逕二道嶺東沙河自西來注之

河出府西北馬廠屯東南流逕何家窩堡北折東

逕二道嶺西折北流東入松花江

又西北逕舊站街北西受通氣河

河出府西北二台子屯

又西北錫蘭河南出之富爾特恩河自東北來注之又北逕烏拉城西又北逕哨口西西受一小河又西北逕郎家通西南受一小河又西北逕泡子沿屯東折東北錫蘭河北出之舒蘭河自東南來注之

錫蘭河今曰溪浪河源出府東北東孤家子東南數十里逕新民屯雙岔山西東受喀哈河河今曰喀岔河源出府東北亮甲山西南流數十里入錫蘭河合南流逕雙岔頭山折西南流逕青龍山又西逕鳳凰山北分為二派一西南曰富爾特恩河河自錫蘭河分支由鳳凰山西麓西南逕烏拉城南金珠鄂佛羅站北凡行七十里入松花江一西北流曰舒蘭河河由錫蘭河分支西北流四十

里許逕郎家通北西注松花江並入松花江

又東北流逕紅灣子東東受西崴子兩河

南河出白旗屯北河出孤家子西流數十里逕西

崴子南北分入松花江

屈西北流逕官木廠西黄家邊河自西來注又東北

逕柳樹河卡倫西柳樹河自東來注又北逕法特哈

邊門西分流繞黄魚圈北流十餘里復合又北入長

春府東北境東岸界伯都訥廳西别出爲巴彦河北

流三十里許復自西入焉又西北逕長岡子北穆書

河自南來入焉

穆書河今曰木石河源出吉林府西北七台邊屯入長春府南界東北流百餘里東受太平溝河出府東滴水湖西北流數十里入穆書河合北流五十里逕張逝口東入松花江

又西北南受一小河河出長春府東北十二馬架逕張逝口西入松花江

又西北逕燒鍋溝伊通河自西北來入之

伊通河一曰大伊通河別小伊通河言之也金史謂之益褪額圖琿從攻黃龍府援照散城夜過益

褪水明一統志二十五龍安一秃河在三萬衞北又八十九一迷河在開元城北四百里北流合一秃河入松花江皆此河也源出伊通州東南磨盤山境石板屯屈西北流四十里許入伊通州界南受小伊通河河出磨盤山西北石碑嶺北流逕橫河屯西西岸界奉天海龍廳北入伊通州界合於伊通河合北流一百二十里過伊通州城東折北流四十里逕金家哨受南來之伊巴丹河河一曰一把單出州東南黑頂子西北北流受柳樹河柳樹河出州東南東碾子山西注伊巴丹河合北流四十餘里逕伊巴丹站南折西北流四十里許入伊通河合北流逕勒克山溝口屯放牛溝兩河合爲一自西來注之溝口屯河出州西北馬鞍

山放牛溝河出州西北楊家屯分流逕勒克山北合注伊通河又北流五十里出伊通邊門入長春府界北流而東三十里東受新立城河河自伊通州北境入府西北流三十餘里入伊通河又北過長春府東又北流九十里逕趙家店東折北流驛馬河自西來入焉

驛馬河源出蒙古旗地六家子山南流入長春府西北界折東流北岸直農安縣又東一百七十餘里南受新開河河出伊通州西北經搧房草店西入奉天懷德縣界北流五十里南受太平溝河太平溝河亦出伊通州西北經淢頭蔫西入懷德縣界北流四十里入新開河合北流四十里入長春府西界逕白龍駒山西又北流百里逕石廠西入驛馬河

合東流四十里逕趙家店北東注伊通河

伊通河既受驛馬河東逕二十里堡折東北逕林家店又東北逕林家橋又東北逕卜家窩堡北伊勒門河合數水自東南來注之

伊勒門河自伊通州磨盤山北境來凡二源一出菠角頂東北流一出伊勒門卡東小山西北流入吉林府界逕雙馬架西合而北逕神仙洞西西受玻璃河河亦出磨盤山境凡二源入吉林府西南界逕吉慶屯合東北流西受自龍王岡來一小河又東北入玻璃河又東北逕將軍嶺又北逕太平山又西北逕姚家城子東蘇斡延河自

西來入之蘇幹延即蘇完也河以地名金史世紀有刷水國語解切以舒幹緩讀之則爲二字急讀之則成一音即此河也今或曰刷煙或曰雙陽皆以音近致訛幹或爲幹則字之誤也源出吉林府西南暖泉屯直北流六十餘里逕蘇幹延站東折西北流四十里逕同回營東石頭河自西來注之石頭河出府西南英帽頂子山直北流一百餘里西岸界伊通州逕後溝南折而東受北來一小水折東南流二十里許東入蘇幹延河合東北流三十里東入伊勒門河伊勒門河既受蘇幹延河北流折而東逕蓮花泡屯北薩拉河自南來入之薩拉河一曰薩龍今曰岔路皆以音近致訛也亦出自磨盤山北界有二源入吉林府西南界逕呼蘭山西合北流四十里受西南來之梨樹溝河又北流百餘里逕伊勒門站西岔路河街東屈西北流七十里逕蓮花泡屯東北注伊勒門河又東北北受興隆河河出自長春府南興隆山

又東逕石灰窯子南蘇通河自南來入之蘇通河出吉林府西南鶯鴒崖東北流逕磬嶺西西受雙河又北逕平頂山西西受五里河又東北逕伊拉齊街東折西北流逕方家城子東自發源至此凡行二百三十里北注伊勒門河又東逕前腰屯南折北流東受穆書河河今曰木石河出吉林府西北五邊台屯西南流五十餘里逕奇塔穆街西西受來自六台邊屯之小河灣河合西南流五十餘里西注伊勒門河又北逕丁家屯西東受二道溝河河出七台邊屯西南入伊勒門河又北逕狠洞子東入長春府界行四十里西受新立屯河河出府東南高家店東北流八十里許入伊勒門河又北逕大榆樹林東受沙河河出府東南梨樹圈南西北流五十里許入伊勒門河又北逕黑坎子東霧海河自

西南來入焉河一曰烏蘇圖烏海源出吉林府西北盤古屯北流入長春府界逕龍王廟西東北流一百七十餘里東入伊勒門河折西北流百里許北注伊通河自發源至此凡行六百餘里伊勒門即金史之額勒敏溫屯噶布拉思居長白山阿卜薩河徒隆州額勒敏河是也明一統志一迷河在開原城北四百里北流合一禿河入松花江今土人呼曰驛馬河與發源蒙古六家子者名同非一河一迷驛馬皆伊勒門一聲之轉一禿河即伊通河也伊通河既受伊勒門河又東數十里屈東北流入於松花江自發源至此凡五百五十餘里自受驛

馬河來自蒙古界者後北岸皆界農安縣

松花江既受伊通河西北入農安縣東北界東岸界伯都訥廳又西北逕蓮花泡南直西流逕鷹山南南岸界蒙古郭爾羅斯前旗界又西分一水而北又北復合又西北逕于家屯西又西逕伯都訥城西南而北逕八家子屯西東分一水爲錫蘭河又西北復合又西北東分一水爲二道河又西北至三江口嫩江自西北來會古諾尼江也混同之名自此始折東流北岸界黑龍江省又東二道河自西南來合折東南流東分一水爲大肚川行數十里復合又東南分一

水爲四合堡河又東南數十里四合堡河自西來合
折東北流東分一水爲兎斯河又東南數十里復合
折南流逕二龍山北西受黑石坨河
黑石坨河源出伯都訥廳北長春嶺西入松花江
又東流逕岱吉卡倫北拉林河自東南來注之
拉林河遼史之淶流河金景祖敗舍音往見遼邊
將行次淶流水而復金史作來流太祖進軍甯江
州諸部兵皆會於來流今音轉爲拉林實一水也
凡二源皆出五常廳東南拉林山北曰霍倫河金
史之活論河烏春傳所云涉活論來流水舍於朮

虎部阿里矮村者也南曰舒蘭河水道提綱作音蘭蓋舒或作書又以形近誤爲音也兩水歧發總成一川合西北流七十里逕大崴子屯南南受哈薩里河河一作喀薩喇或別出之以爲兩河非也出自哈薩里山西北流數十里入拉林河又西北左受小水二右受小水二水並出五常廳東南又西北逕雙砑子南東受響水河河出五常廳東南大鍋盔頂子又西北逕大青背山東東受寒葱河河出五常廳東南雙砑子直北流逕向陽山南東受渾水河河出五常廳一棵松山北折西北流逕團林子東南受小石頭河河自五常廳南長安堡來又直北折西流逕轂頭山北靠山寨河自南來注河自靠山

寮北流四十里入拉林河少西黄泥河自東來注即涼水泉河也出五常廳東南連環山又西逕山河屯北錫蘭河自吉林府北入五常廳界合小沙河來注之河出吉林府東北新開河屯有兩源故又名雙河川今曰溪浪河以音近而訛也直北流五十餘里入五常廳南界又二十里東受來自三箇頂之小沙河合北流入拉林河又西北逕蓮花泡東東受半截河河出五常廳東南三道岡又西北西受七道河河出伯都訥廳東南太平川直北流逕興隆鎮東折東流逕土橋街南入五常廳界東注拉林河又西北西受六道五道河兩河皆自伯都訥廳東南玉皇廟來分流十餘里合成一川東入五常廳界注拉林河又西北西受富春河河自伯都訥廳東界大房身來又西北逕半拉城西河之西岸入伯都訥廳界又西北逕

後沙山西莫勒恩河合大泥河自東南來會

莫勒恩即摩琳河金史謂之穆棱水世紀臘醅略來流水牧馬得姑里甸兵百十有七八據暮棱水守險卽此或以此暮棱水爲甯古塔東穆棱河則去今拉林甚遠恐非是也河出五常廳東南拉林山北麓凡二源合而西流逕青頂山南又西而北東受石頭河河出五常廳東南三柱香山直西流四十里出南北雙城之間西入莫勒恩河又西北西受小莫勒恩河河出金坑山東北入莫勒恩河又北流沖河自東來注河出五常廳東南大青頂子山直西九十餘里入莫勒恩河今呼其處爲沖河口云又西北南受小

里河河出金坑山北東北入莫勒恩河又西折北流東受湘水河河出五常廳東黃岡西北流六十餘里入莫勒恩河少北西受七才河河出五常廳東南雲梯山東南逕蘭彩橋南折北流注莫勒恩河又北逕元寶山西東受薛家灣河河出五常廳東太平山又北逕北小山東西受劉泡河河出北小山北東入莫勒恩河又北大泥河自東來會

大泥河出五常廳東次老茅山西北流四十里東受小石頭河河出廳東大青山故一名大青川云西入莫勒恩河又西北東受姜家溝河河出廳東無名山西流六十里許入大泥河又北東受疙瘩橋河河出廳東小山又西北南受元寶河河出

廳東楊木頂子折西南流南受小泥河河出廳東老木營山又西南南受葦沙河河出廳東滿天星嶺西北流七十里許北注大泥河折北流大石頭河合六道河自東北來注焉大石頭河出鷄爪山西麓六道河出鷄爪山東麓分流至山南而合又西南入大泥河又西北逕大紅頂山南西會莫勒恩河土人呼其處爲大莫勒恩河既合大泥河屈西流逕萬寶山南南泥河口

受條子河河出廳東八道岡又西流南受小六道河河出廳東六道岡東北流南合出自七道岡之轉山子河同注莫勒恩河又西北南受半截河河出廳東青雲寺屯又西北楊樹河合於藤子河

自南入焉二河並出廳東五道岡分流而北合成一川入莫勒恩河少北四道黃泥河自東入焉河出廳東萬寶山西麓又西北逕黑魚泡北東受三道黃泥河又西北逕五角泡北二道黃泥河頭道黃泥河並自北入焉三河並出廳北碩多庫山南受琉璃河河出廳東西道岡西合拐棒河同注莫勒恩河又西北逕五常堡北南受頭道河河出廳北頭道岡又西北北受柳樹河河出碩多庫山又西北入拉林河

拉林河既受莫勒恩河又西北東受背陰河河出廳北小山又北而西北岸入雙城廳界南岸界伯都訥廳又西逕牛頭山北卡路河自混同江東北流南合

卡岔河入焉

卡路河出自松花江在伯都訥廳西南界分支北流逕于家寨西折東北逕四間房西直北流逕十間房西折東北流逕卡倫站南折而東逕于家堡北南受卡岔河卡岔河出伯都訥廳東南長嶺子北流八十里合南來之二道河二道河出吉林府東北入伯都訥廳東南界北流百餘里逕萬壽山西合於卡岔河合東北流逕藍旗屯東東北入拉林河

拉林河又西北行一百六十餘里逕大碑東董家屯河自南來入焉河出伯都訥廳西太平嶺西北流七十餘里入拉林河又西北逕柞樹岡北南受蘇家窩堡河河亦出太平嶺東北流八

十餘里入拉林河又西北入混同江

混同江又東入雙城廳界北岸界黑龍江呼蘭廳又東逕江岔子北少東南受煙袋泡子河又東南逕泡子口北分一小水而東又東北復合又東南折而北逕河南屯北分一小水而北又東北復合又東逕西崴子北分一小水而東二十里許復合又東北逕朝陽屯北南受朝陽屯河

朝陽屯河出雙城廳東北鑲藍旗三屯西北流五十里許入於混同江

又東北逕萬家店北葦塘溝河自東南來入之

葦塘溝河出賓州廳西南廣慶莊直阿勒楚喀城西五十餘里西北流入雙城廳東界逕半拉山南東受一小河河出半拉山北又曲折西北流逕新立屯西直北注混同江凡行一百五十餘里

又東逕報馬屯北分一小水東流十餘里復合又東北南受大亮子河又東南逕天鴨泡北正陽河自西南來注之

正陽河出雙城廳東北正紅旗二屯北注混同江

混同江又東北入賓州廳界北岸仍界黑龍江呼蘭城少東北逕前貴口北阿什河自東南來注之

阿什河卽阿勒楚喀河也金曰按出虎北盟彙編曰阿觸胡又曰阿朮火字異音同實一地也出賓州廳東南帽兒山屈西北流六十里逕西花磖山北受花磖河河出東花磖山又西而南而西逕三道街南折南流南受小黃泥河河出雙城廳東大青頂山西北入賓州廳界行三十餘里注阿什河南岸界雙城廳又西北河之南岸界雙城行二十里混元河合五水自北來入焉頭道河出廳西南大分水嶺南流逕烏拉草甸南二道河自嘉松阿山西流來會又少南三道河自東來會河亦出嘉松阿山又西南半截河出小分水嶺自北來會折東南流四道河出塔頭山自東來會至此總成一川曰混元河西南流十餘里入阿什河折西南流東岸界雙城逕磬兒嶺東東

受太平川川出雙城北界大青頂山又西南西受二道闕門河
河出廳南嚴家嶺少南大黃泥河自東南來入之河出雙城廳東
南筆架山西北流北合帽兒山水又西北流六十里入阿什河折西北流西岸又
界雙城西逕潮半岔北北受泉眼河河亦出嚴家嶺少西
折北流西受孫家店河河出雙城廳界又西北逕七箇頂
子西東受大石頭河又西北東受小石頭河又西
北逕王窩堡西東受沙河又西北逕料峭口西東
受哈馬塘河又西北東受大腰溝河五河並出廳西南七里半
山又西北南受箭子溝河河出自雙城廳箭子溝嶺二源南曰南箭子溝
河北曰北箭子溝分向西北流數十里合焉又西
北逕武家窩堡西西受一小河曰箭子溝河合北

流逕周倉店西入阿什河少西新立河自西來入焉河出雙城廳宋家屯西流數十里入阿什河土人呼其地爲新開河口也折而北西受前二道溝河河出廳西南興隆溝又北西受後二道溝河河出廳西南朝陽溝又北逕白城東金之上京也西受一小河河出廳西南五間房又北逕阿勒楚喀城東分流繞古剌屯正流折而西而北西受一小河河出廳西南馬神廟又北分流之水自南復合又北海溝河自東入焉河即金史之海古勒水也大小二源並出廳西南大分水嶺北源曰大海溝河出嶺北直西流逕頭道關門折而北茂石河合一小水自東入之又西北逕馬窩堡西小海溝河自嶺西西北流來會即南源也合而北而西一小河合三源自北入焉又西入阿什河又西北南受太平溝河河出廳西南太平嶺又

西北東受後進屯三小河三河並出後進屯西次第入阿什河南受廟台灣河河出廳西前三家屯又西北逕馬家屯西受長林子河河出廳西長林子又北逕馬廠甸西入混同江

又東逕石人溝北白魚泡合横道河自西南入焉

二河並出廳西長林子北東北入混同江

又東北斐克圖河自東南來注之

斐克圖河一曰弗朵秃音同字異也源出廳南石洞山西北流三十餘里逕干家窩堡南受安巴佛拉庫河安巴或作爾奔字之訛也河出廳南弔水湖西流逕王家店折北流受西來之李家屯河又北受西來之左家屯河又北受西來之西溝河三河並出廳南山東流入安巴佛拉庫河合

（而東入斐克圖河）又北逕元寶山西折西流北受高麗溝河（河出廳西北小圍山）又西而南南受大舍利河（河出廳西南白石磖山西北流四十里入斐克圖河）又西受南來之柳樹河（河出廳西南小山）又西分南北流數里而合南受草廠河（河出廳西南）北受徐家堡河（河出廳西北山）又西逕斐克圖站東折西北流南受小舍利河（河出廳東南呼蘭峯今呼爲煙筒磖子者是也兩源分流而西數十里折北流合爲一又數十里入斐克圖河）又西北逕大圍山西受興隆溝河（河出廳西北山）又北逕古城西入混同江

又東北逕太平川北屈東南逕滿井東南受稗子溝河

碑子溝河出廳西北大團山合兩源東北流南受

朝陽河合而東逕東古城北入混同江

又東南南受烏兒河

烏兒河出廳北小團山北流西受兩小河合注混

同江

少東受南來之紅石磖河

紅石磖河出廳西東北逕楊家大橋西折西北故

又名楊家大橋河又西北入混同江

折而南而東而北逕牛拉山西海里渾河自南來入

之

海里渾河亦出廳東南石洞山凡三源西曰頭道海里渾河東曰二道海里渾河又東曰三道海里渾河北流逕廟兒嶺東而合又北流西受五道林河河出廳南小山北流貫廳城而北西受一小水又北逕劉家堡南折而東入海里渾河又北入混同江

又東分一小水而南折東流南受三道溝又東復合少東馬蛇河自南來入焉

馬蛇河即頭道河也出自廟兒嶺東東北流南受三岔河河凡三源西曰西三岔東曰腰三岔又東曰東三岔東北流合焉曰三岔河逕水師營西合於頭道河合北流曰馬蛇河北注混同江

又東北耞板河自南來注之

耞板河出廳東南桃兒山東北流逕楊木橋河西西受元寶溝河河出廳南嘉松阿山直東流南受隊窖河合東北流北受一小河又東北入耞板河又東北逕老營口街東東受東坡閘河河出廳東小句張屯折西流而北又東北逕蘆子屯東東受恆道河河出廳東分水嶺合兩源直西流南受萬人愁河折西北北受朝陽河又西北逕長發屯東東受湯石河合西流逕虎頭山南入耞板河又東北逕姚家屯西入於混同江

又東流陶淇河自南來入之

陶淇河出廳東城牆礌子西北流東受五道崴子

河又西北南受一小水又西北入混同江

又東逕向陽川北自此江之北岸界三姓城又東南

南受大泡河

大泡河出向陽川東南受半截河又東流南受石

洞河又東入混同江

又東南擺渡河自南來入之

擺渡河出廳東分水嶺西北流西受高麗帽子河

折東北東受小擺渡河河出腰嶺北又北西受小水一

東受小水一水出白石磖山又北入混同江

又東白魚圈河黃魚圈河瓜蘭川河張窩堡河王保

河黑河並自南來入之

諸河並出廳東諸山皆分水嶺之支流也嶺南之水皆入瑪延河嶺北之水皆入混同江

又東瑪延河合數十水自西南來注之

瑪延河出窩古塔西北畢展窩集西北流入廳東南境九十餘里南受小石頭河河出廳東南老嶺根又西北十餘里北受養魚池河河出瑪延大嶺又西北三十里南受七道河河出廳東南圍荒地又西十餘里逕長岡南北受金沙河河出廳東南雙台子又西十餘里逕南陽川南倭沙河自南來注之河出窩古塔西北境入廳東南逕大肚川西西受來自鍋盔頂山之

小水一合西流二十餘里折東北五十里許北入瑪延河又西北五十里南受搭連泡河河出廳東南涼帽頂子山又西北二十餘里南受大沙河河出廳東南一面坡又西北十餘里東受小水一又三十里許逕于家營折西流西烏吉密河自南來注之河出廳東南西烏吉密山東流而北南受花曲河合北流入瑪延河其合處爲渡口少西折東北流西亮子河自西來注之河出廳東南大青山南流而東牛心山河自北來入合東流入瑪延河又東北百餘里左受小水一及雙磖子水花磖子水阜山屯水橫頭山水右受金沙泡空心柳河通河泡及無名小水三又東北逕街基南黃玉河自南來入之河出廳東南大青山

南流折而西長壽泡自南入焉又西北逕元寶山東元羊碯子河自南折東流入焉又西北折而東東受楊木河又北西受金沙河小平安河平安堡河合而北而東北入瑪延河又東北逕瑪延巡檢司東南受石洛河河出廳東南三台山又東北南受長壽河一曰西長壽河別東長壽河言之也出廳東南長壽頂子山北入瑪延河又東北逕仁和公屯西西受柳樹河河出廳東南分水嶺合兩源東南流南受來自橫頭山之板石河又東南楊木頂子河自北來合折而東入瑪延河又東北西受三合店河金沙河二河並出廳東南小山東受東長壽河河出廳東南雙碯子山合兩源北流入瑪延河少北東烏吉密河自東來注之河出廳東南千峯山北又東北東受小水二西受小林河大林河二河並出廳東南楊木頂子東又東北東受金鳳河

河出馬鞍山荆家台河河出金坑山金坑河河亦出金坑山西受小柳樹河大柳樹河河並出歪頭磖子少北東受關門觜子河自其發源處名之又東北西受二道坡子河以所經處名之又東北東亮子河自東來入焉河出廳東南太平磖北流逕三合頂東受南來之大青山河折東北逕千峯山東錫林河自瑪延河大嶺來西流入焉又東北驛馬河亦自大嶺來注即伊勒門河也又東北東受大遂河又東北受小遂河輿圖所謂綏哈河者也皆出自廳東老嶺又西北小石頭河自東南來入合西北流入瑪延河又東北東受石頭河河出廳東老嶺根北流而西一百二十里入瑪延河又東北西受小水二並出廳東雙鳳山又東北桶子河自西來入焉河出廳東腰嶺兩源合而東北受自磖山河自所出名之也又東受西自歪頭磖子來之大珠子林河又東受北來之二道河

又東受北來之三道河合而東逕向陽川南入於瑪延河又東北東受黃泥河河出廳東老嶺根西北流北岸界三姓城又西北七十里小黃泥河南自太平山西北流來合又西二十餘里逕渡口北入瑪延河又北逕海家屯東岸界三姓城又北入混同江

混同江又東北入三姓城界又東方正泡彈弓泡蒲萄泡橫頭泡黃泥河楚山泡諸水自南次第來注之又東北富拉渾河林子河小橋河薩林河諸水自北次第來注之折東南流逕大羅拉密山北又折而東北北受崇古爾庫站河南受永起河又東北逕小羅拉密山北北受打沖河南受黑瞎溝河又東北北受

化什哈泡南受瓦洪河又東北北南受郭卜奇希河北受錫伯河又東北南受朱奇河北受二道河又東北北受頭道河南受達林河又東北北受大小胡特亨河

二河並出三姓西恒虎頭山土人呼曰古洞河則胡特亨之聲轉或曰咕嘟則古洞之誤字也大特亨河逕大胡特亨噶珊東小胡特亨河逕小胡特亨噶珊東次第入混同江

又東逕妙噶珊站南牡丹江自南來注之

牡丹江自其發源之處言之也至甯古塔以下曰

瑚爾哈亦曰虎爾哈即唐之忽汗金之呼里改路元之忽爾哈路明一統志所謂胡里改江出建州東南山下東北滙爲鏡泊者也第明志又别出忽兒海忽汗分一水爲三水則大誤耳其上游則曰牡丹江水道提綱以爲按出虎水非也安出虎水爲今阿勒楚喀河地望音譯俱合與瑚爾哈源流迥别豈可混爲一稱哉牡丹江源出敦化縣西南老嶺長白山北徑三百餘里之幹山也重阜修巖聯峯接勢水出其北東北流逕帽兒山南有四道溝河自西南來入之河出縣西南山又東北逕懷德鄉西

受黃泥河河出縣西南紅石磖東流六十餘里入牡丹江又東北逕屏風山西西受大石頭河河亦出紅石磖又東北逕滴搭嶺東受小水二水出屏風山北又東北逕劉家屯東西受半截河河出縣西太平山東流過縣南五里許自城東入江又東北過縣東小石頭河自西來入之河出縣西小青山東流七十里許過縣城北至其東北入牡丹江又東北有葦子溝河自西來入之河出縣東北無名山自北而南曰後葦子溝折而東曰前葦子溝東入牡丹江折而北有雷風溪河自西南合眾水來入之

雷風溪河源出烏松磖子東北流數十里朝陽河合三水曰宋家店河曰皦手營河曰黃泥河自西來入之折東

流受南來之興隆河河出縣東高松樹嶺又東受南來之

横道河河出縣東朝陽岡東入牡丹江

牡丹江又北有蝦蟆塘河河出縣北牡丹岡自西來入之

瑚延穆克河合衆水自東來入之

瑚延穆克河金史世紀所謂舍音水完顔部者

也源出縣東南廟爾嶺土人呼爲大石頭河西

北流二十里受東南來之頭道河河出縣南雙廟嶺少

北有二道河自西南來入之又北流三道河自

西南來入之兩河皆出縣東南高麗帽山又東北而富勒佳

哈河合衆水自東北來會

富勒佳哈河即富爾吉哈河土人呼曰富家亮子自敦化縣東北發源南流數十里受東北來之兩水在東者曰柳溝河在西者曰黃泥河南流數十里合爲一入富家亮子河折西南流三十里許受北來之沙河河出縣東北駱駝磖子直南流西分一支流是爲沙河沿復南流西合一小水入富家亮子河又西南南受板橋河即盤巧河也源出哈爾巴嶺西之朝陽磖子北流三十里許入富家亮子河又西流受南來一小水曰梁水泉子稍西與珊延穆克河合珊延穆克河既合富家亮子河折北流受西南一小水曰小石頭河子折北東流受東來一水水出二龍山兩源合爲一西入珊延穆克河屈北流沙河沿水自東

來入水爲沙河分支直西流逕高麗盤道南西南入珊延穆克河又西北馬鹿溝河自東北合眾水而西來入之馬鹿溝自縣東北山發源西流數十里有頭二三四凡四道溝水自南來入之復西流折而南而西入於珊延穆克河復西流徑通溝嶺而北而西入於牡丹江其西岸與蝦蟆塘河相直也

牡丹江又北流黑石河自西來乂魚河自東來交入之黑石河源曰灣灣河東流數十里乂魚河源曰掐尾巴河西流數十里交入牡丹河水口相直如十字焉又北流折而東大䑶䑾河自西來入之大䑶䑾河卽大沙河源出敦化縣西南之烏松磖子與雷風溪河僅隔一山自其處西北流數

十里受西南來一水折北流受東南來一水益北流有小艤艈河自西合三源來入之折東北流逕小艤艈嶺北受南來一水又東北有艤艈河自東來入之合東流數十里與朱魯多觀河

鄂穆索河合

朱魯多觀河土八呼曰朱爾多河源出敦化縣西北白石磖山蓋塞齊窩集之支峯也東南流數十里至朱爾多河渡口有伊奇松河自西來入之伊奇松河出自塞齊窩集合兩源西流數十里受北來一水逕伊奇松站東入朱魯多觀合而東逕鄂穆赫索羅站南而鄂穆索河河

自北來會

鄂穆索河有兩源東曰東馬鹿溝西曰西馬鹿溝各西東流數十里合爲一曰鄂穆索河南流數十里逕鄂穆赫索羅站東而南合朱魯多觀河兩河既合稍南流會西來之大䑢艫河合而東受西來之蘇子河（河自青山子發源東流數十里入於三河會處）又稍東受北來一水東入牡丹江土人謂之三岔口也通志入朱魯多觀河之水尚有山璧河安達爾琦（部名也）河不知於今何屬矣

牡丹江又東有都林谷河自北合數水來入之

都林谷河今呼曰都陵河源出塞齊窩集南流數十里東岸界甯古塔西受佛多和河今名橫道河出塞齊窩集合兩源東南流數十里入都陵河又南流受西來之當石河當石河合四水流數十里東入都陵河通志有汗察罕河堪濟哈河皆出塞齊窩集南入牡丹江以地望診之疑當在此然無可考矣又南逕小江嵗東入於

牡丹江

牡丹江又東北岸界甯古塔有三道登什庫二道登什庫河合爲一自北來注之又東有頭道登什庫河自北來注之各長數十里又東南岸亦入甯古塔界有塔拉河合阿拉河自北來注之

塔拉河出畢爾罕窩集分兩源繞塔拉站左右南流合爲一又南受東來之阿拉河

阿拉河一曰阿蘭土人呼爲阿爾蘭阿蘭阿拉聲音輕重之殊阿蘭阿爾蘭語言緩急之異耳亦出畢爾罕窩集南流折而西入塔拉河俱南注牡丹江

牡丹江又東有托罕河自南來注之河出城南大山屈東北流大空其穆河自東南來入之又東北小空其穆河自東南來入之珠克騰河自西北來入之兩空其穆河皆出敦化縣界西北入牡丹江小河對岸即珠克騰河珠克騰河土人呼曰珠克敦源出畢

爾罕裔集東南入牡丹江入江處有朱克敦渡口又東北數十里受諸水滙爲巨澤曰畢爾騰湖所謂鏡泊湖也自西南而東北袤長七十里南北徑二十餘里中有老鸛山道士山小孤山大孤山凡四道士小孤兩山之間有巖曰珍珠門盛京通志曰中有三山名鄂摩和昂阿山阿克善山牛彔山阿克善牛彔兩山之間有巖曰白巖湖之西南牡丹江水入湖之處有一崖曰呼克圖峯湖水東注飛瀑跳空奔湨霄吼聲聞數十里土人名曰發庫唐人所謂渤海王城臨忽汗海者卽此湖之南曰南湖頭有札津河自南來入之

札津河亦曰札珠今呼曰夾溪河出自瑪爾瑚哩窩集分兩源土人以大小夾溪河別之北流數十里合爲一入畢爾騰湖其東即松吉河也

松吉河今曰松音河吉音形近致誤亦出瑪爾瑚哩窩集自南來合兩源西北流數十里入畢爾騰湖河北岸有松音卡倫在焉又東曰柳樹河小水也又北曰阿布河

阿布河亦出瑪爾瑚哩窩集合小水六西北入畢爾騰湖又其北曰石頭河亦小水又東北有一水屈曲西流數十里入畢爾騰湖其水口正直

大孤山也湖之北曰北湖頭其西北有畢拉罕

河

畢拉罕河源出畢拉罕窩集又曰半拉窩集者音訛也東流十餘里受東北來之愛哷河又東數十里逕畢拉罕站之南受南來二小水其東有額伊呼河逕站東而南來入之合流入畢爾騰湖其旁有鄂摩和湖源出畢拉罕窩集南流入畢爾騰湖其北即德林石矣

德林石土人曰德林倭赫倭赫

國語謂石也自鄂摩和湖東繞沙蘭站之南至湖

爾哈河廣二十餘里袤百餘里石平如鏡孔洞大小不可數計或圓或方或六隅八隅如井如盆如池或口如盂而中如洞深或丈計或數尺中有泉澄然凝碧夏無蚊蝱馬鹿羣嬉名曰德林石又相連有石頭甸子俗呼黑石甸子石縫中或魚躍出人每得之甸上草木皆異黃蒿松即生其處車馬行其上如聞空洞之聲其石塊或損便有水從罅隙出探之深不可測迄西十餘里有海眼季春氷泮水流石下聲如雷吼海眼在石頭甸子西十餘里萬山中有池周八

十餘里每日三潮與海水相應仲夏日初出時恆有巨魚湧出高三丈許長十餘丈飛鳥不敢過其上至巳午時始沒其出時眾魚隨之皆浮水面漁者因其出而網焉必大獲

牡丹江自發源至入鏡泊湖無異名鏡泊湖之北曰北湖頭水自其處東北流始名曰瑚爾哈河蓋忽汗之音轉也行十餘里折而北逕弔水樓東三道河自西來入之河自城西小山合三源南流而東有天橋水合二源自西來合而東逕德林石卡倫北釃爲二行十餘里復合東注瑚爾哈河杏花山牛樣子山二水自東來入之又北二道河自西來入之河合兩源

南流折而東數十里入瑚爾哈河又北逕東京城今呼敦京城，東敦音轉西北折而東頭道河自西來入焉河即波泥河也源出雞蛋石南流折而東逕沙蘭站南沙蘭河自北入焉又東受北來一小水折南流一小水自西來注少南入瑚爾哈河又東逕三靈墳而東有瑪勒呼哩河自南來注之楊木台河自北來注之瑪勒瑚哩河一曰馬兒虎出自瑪爾瑚哩窩集今所謂老松嶺也在甯古塔城南一百四五十里合數源土人呼爲六道河屈曲北流受東來一水逕瑪勒瑚哩站西有一水自東來注之益北流東西有二小水交注之復北受西來二水北入瑚爾哈河對岸楊木台河自西來經舊街基南張家嶺西折南流入瑚爾哈河水口與瑪勒瑚哩河南北相值如十字焉又東逕大牡丹屯北受大牡丹屯河又東過甯古塔城南有哈瑪河自南來注之河出城南老松嶺雨源岐發曰二道河曰三道河合西北流折而北廟兒嶺水自西來注之又北受東來之佛爾綽河一曰索爾霍綽又東北東受小水一又北入瑚爾哈河又東有蝦蟆河自東南來注之河出城東南山西北入瑚爾哈河又北過甯古塔城東塔克通阿河自東來注之河今曰哈雲哈河出塔克通阿窩集直西流南受小水二北受小水一又西逕大王山南一水合二源自南來注之又南受蓮花街水西入瑚爾哈河又北西受伊蘭岡水水出張家嶺合三源東逕甯古塔城北入瑚爾哈河又東北東受商音河河一曰商堅畢拉罕今曰白利哈達出商音畢拉罕窩集西入瑚爾哈河又北而西東受呼錫哈里河河出呼錫哈哩里窩集西北流數十里入瑚爾哈河又西而北興鎮里溫車痕河自東來注之河出城東北山一曰興哲哩溫徹亭譯音本無定字也西北流數十里入呼爾哈河又東

北逕龍首山海蘭河自西來入之

海蘭河一曰駭浪河源出五常廳賓州廳交界處之海蘭窩集東南流入甯古塔城西北折而南受西來小水一又折而東受北來小水一二水並出城西北山合而南有拉哈密河自西南來注之河出小圍山折而南流雞卵石水自西來注之釃爲二東流數十里逕舊街基北而合有瑪展河自西北來注之即密占河也出密占窩集東南流數十里入海蘭河益東北北受商石河即舍赫河出舍赫窩集西受北崴子河合而南入海蘭河折東流北受紅何子河通志所謂鄂克托河出自距甯古塔城九十里無名小山者也

又東受帳房山河又東受石道河河並出城北山南入海蘭河又東逕卡倫山入瑚爾哈河

瑚爾哈河受海蘭河而東有尼葉黑河自東南來注之河出尼葉赫窩集即城東北之四道嶺也或呼作躡黑河者語音緩急之異今俗謂之乜河凡二原西西北逕乜河卡倫入瑚爾哈河又北特林河自東來注之河出特林窩集即城東北之大嶺合兩源兩流北受小水一南受小水一又西逕四道嶺南受磨刀河河出城東北磨刀石折西西北鐵嶺河合小水二自東來會蓋特林河之分支以音轉譌分為二耳合而西入瑚爾哈河又折而北受東來一小河即齊克騰也又北烏赫林河自東來注之河即通志之穆哈連也今謂之烏府林或作五合嶺或作烏和林皆對音字源出穆哈連嶺西南流南受阿濟格蘇和辰北受小烏赫林河合而西入瑚爾哈

河富達密河自西來注之河出富達密窩集又北有樺樹林河自東注焉河出城北山分兩源夾頭站西流數十里而合又數十里西入瑚爾哈河又屈而北有江密峯河自東來薩林河自西來交注之江密峯河出城北出薩林河即薩爾布河也出薩爾布窩集又北東受小水二西受頭道河又北有哈圖河自東來飛來河甯蘿河自西來並注之哈圖河出白草甸子西流數十里釃爲二分入瑚爾哈河其南支對岸即飛來河飛來河源出城北山甯蘿河即舒蘭河也又作青蘿蓋舒或作書書青形近蘿蘭聲近緣以致誤今又訛爲甯蘿矣源出舒蘭窩集東流百里許入瑚爾哈河又北逕三道卡倫西受錫林河河出城北山今呼細鱗河東受小水四皆無名西受阿穆蘭河河出阿穆蘭窩集又東北入三

姓界西受三道河卽安巴河也源出安巴窩集所謂老嶺卽此在三姓城南三百餘里河南爲窩古塔界河自其處曲折東北行二百餘里入瑚爾哈河折西北逕門坎子哨又東北受南來小水二折而西小夾皮溝河自西來注之又北蓮花泡自東入焉又東呼蘭河自南入焉今呼煙筒山河又北東受柳樹河諸河並出城南山西受小迎門石河河出小迎門石又北逕扁擔嶺西四道三道二道頭道諸河自東入焉河並出城南懶柳子山又北逕三站西東受三道河西受四道河又東北逕城牆磖子東東受大鍋盔頂子河河出其山又北逕亞筒頂子西西受五道河又東北逕烏斯渾卡倫烏斯

渾河自東南注焉河一曰阿思罕出三姓城東南三百餘里之烏斯渾畢拉窩集合二源直北流東受龍瓜溝河又北東受額和勒河又北東受湖水畢拉河又北東受西白棱河折西北逕烏斯渾卡倫北入瑚爾哈河又西北東受磞松頂子五河西受尼什哈一河又北廟兒嶺河自東注焉又北而東碾子溝河自南注焉又東北逕松樹嶺東伯勒河自東南來注之河出廟兒嶺西北流南合小河沿蓮花泡二水北注瑚爾哈河又東北過三姓城西二里許北入混同江

混同江既受瑚爾哈河過三姓城北稍東窩肯河自東南來注之

窩肯河今曰倭坑河又曰倭和江源出富克錦城

南七星碣子西南流入三姓東北界東北岔河西北岔河自左右來交注之又西南逕石頭哨南南受西金別拉別拉即畢喇澤言河也源出城東南老嶺北入窩肯河又西南南受茄子河河亦出老嶺又西南南受奇塔河北受樹椿樓河奇塔河源出礪松頂子樹椿樓河出樹椿樓山又西南逕阿爾卜善山南南受楊樹小駝腰偏臉子陡溝子四河又西南逕大巴爾蘭山南南受大碾子河又西南逕小巴爾蘭山南南受小碾子杏樹溝二河屈西北流南受赫蘭珠岡河又西北南受羱羊河又西北南受吉新河今曰雜心河又西北北受奇呼里河河出樺皮

溝又西北南受半結河北受巴呼里河河亦曰巴和里盛京通志别出之以爲兩水非也源亦出樺皮溝又西北南受二道河頭道河北受半結河又西逕喀穆圖山今呼爲哈馬塘南受魚眼泡折而北逕土龍山西蘇木河自東注焉河出草帽頂子又北逕珊延倭赫西珊延白也倭赫石也或去珊字徑以爲燕窩河山非阿穆達河自東注焉又西北過三姓城東北逕也窩肯哈達山根入混同江

混同江旣受窩肯河又東北巴蘭河自西北來注之巴蘭河自黑龍江呼蘭廳來南流入三姓北境折而東有元寶山河自東北來合北來之滿天星河

同注之合而南受西來之妙噶珊河逕妙噶珊站入混同江

又東北北受拉穆河又東北北受烏風浪河又東北瓦丹河自北來注之穆舒圖河自南來注之又東北逕湯旺河卡倫南湯旺河自北來注之

諸河並出黑龍江呼蘭廳界南流入三姓北境湯旺河卽樵濕河元之桃温萬戶府地桃温二字合音爲屯故亦稱屯河今則訛爲湯旺矣源出屯窩集南流入三姓北境逕松訥城北東南流西受僧木坑水合入混同江

又東北受南來小水一又折而東北岸屬黑龍江又東逕殷達穆卡倫入富克錦城界殷達穆河自東南來注之

殷達穆河源出那丹哈達拉山土名小黑山者也西流折而北東岸界富克錦受東來一水合爲一北入混同江

又東逕德依亨山德依亨河自南注之又東逕古城北南受哈達密河又東北南受喀爾庫瑪河

喀爾庫瑪河源出伊把丹山

又東南分支東流爲安巴河行百里許復合又東過

富克錦城北東北流逕圖斯科西東溢一水爲黑河又東北逕黑河卡倫西黑龍江自西北來會自此以上江之西岸亦入黑龍江界其北則俄羅斯之徐爾固鎮也混同江水色黃黑龍江水色深黑至此合流黃水在南黑水在北行七百餘里至伯利二色始融徐爾固西南二方無山東北二方有山圍繞如城垣狀北山自外興安嶺分支向南迤邐而來西分精奇里尼滿二水入黑龍江東分恆滾格林庫魯三水入混同江其山至徐爾固正北落爲平陽凡東北數十里外山皆其麓也東面數十里外街基額圖諸山由

長白山東北分支經哈爾巴嶺出牡丹江東興凱湖西曲折東北行盡於混同江南岸與北山同爲兩江門戶云混同江又東北逕街津噶珊北黑河自西來入又東北逕阿穆集山北奇穆尼河自北來入之奇穆尼河源出奇穆尼窩集在畢瞻窩集東北三百里其北三百里爲格林窩集皆林嶂秀阻人跡罕交河南行百數十里合西來一水屈東南流百數十里合北來一水揚波南注統成一川東南流三百里許入混同江

其南溢出一水爲農江又東北逕科勒穆洪庫西濃

江自西入焉

濃江自混同江溢經鄂里米噶珊西東流百餘里

遝色勒街庫南受南來一水又東北流六十餘里

一小水自南入焉又北入混同江東距富克錦城

三百三十五里

又北而東受烏蘇里江支渠之水所謂通江也又東

北百里許烏蘇里江自南來會

烏蘇里江一名烏子江又呼戊子江源出錫赫特

山在甯古塔城東一千餘里琿春城南卽渤海東

京龍原府元和羅噶路地也山起琿春東南海濱

蜿蜒數千里至混同江入海處止凡山東入海之水山西入烏蘇里混同二江之水皆自此山發之實一大分水嶺也烏蘇里江自其山西北流西受法納圖河即法勒圖也源出江西南無名小山東受福金河亦曰福齊河出自錫赫特山兩泉歧發合一水西入烏蘇里江又西北逕能圖山東受能圖河河出東南窩集中三泉奇發西北流逕朱爾格伊城南西入烏蘇里江又北而西東受努喀密河今曰嫩屯河嫩屯能圖一聲之轉誤分爲二而努喀密之本名反湮矣河出東南窩集分兩源西北流逕密瞻山南麓西入烏蘇里江又西逕瑚葉昂阿北瑚葉河東合小水一自南注焉瑚葉一作瑚野古瑚葉路也河出大山松林中西北流東受一水亦曰瑚葉河蓋本支流或書作呼雅分爲二河非也西

入烏蘇里江其水口曰瑚葉昂阿昂阿口也又折而北逕勒富特勒庫山東瑚爾穆河自東注焉河出大山松林中合四源西北流逕密瞻山瑚爾穆山之間西北入烏蘇里江又北西受伊魯河河出伊魯山又北東受噶爾瑪河河出噶爾瑪山西北流逕穆克穆里山西入烏蘇里江又西而北興凱湖東流之松阿察河自東南來入之

興凱湖一曰新開湖周八百里與洞庭埒而冬夏不涸尤爲可觀蓋來源之遠大不及洞庭而出口細小較洞庭尤有含蓄也其西沿適中之地爲俄鎮之紅土崖由紅土崖正南循鐵綫道二百二十九里弱爲雙城子正北偏西爲蜂密

山西北行七百里至三姓正西行四百里抵甯古塔卽明一統志之鏡泊北有小湖曰達巴庫與此湖潮汐通焉環湖之水東則半泡子河南則雷風橫道二河西則毛爾畢南岔河北岔河網房子河夕陽河烏札庫河白棱河俱匯於此湖東北出口之水卽爲松阿察河亦字界牌在焉中俄於此分界河外爲俄界河内爲龍王廟甯古塔屬地也水流一綫曲折萬千輪船入湖道必由此東北流三百餘里注於烏蘇里江

烏蘇里江又北東溢爲金銀泡又北西受小穆棱

河河出蘇爾得山又北逕春柏勒庫流釃爲二又北復合又北東受庫爾布新河又北東受呢滿河二河並出東北山又東北大穆棱河自西南來注之

大穆棱河一曰莫力河源出穆棱窩集三源奇發東北流受西南來一水曰柳芽河次東北受西來一水次東北受東南來之三音畢拉罕河又北長嶺子河合廟兒嶺河自西北來注長嶺子河一曰黑王嶺河次東北逕紅廟兒嶺南受一小水次東北逕三站西西受一小水次東北亮子河南合一小水自東注焉亮子河卽達爾瑚河也次東北二道老

爺嶺河自西南來注次東北西受哈達河河自三姓來次東北南受黃泥河河出黃窩集山次東北下亮子河自南來郭奎河自北來交注之下亮子河出尖山郭奎河自富克錦來次東北水曲柳河自南來注次東北北受和圖河河自富克錦來又東北南受小水一次東北受拉字界口河次東北太平碯子河合斐底河自西北來注之斐底河來自富克錦又東北北受石頭河河自富克錦來又東逕蘭爾得山巴蘭窩集河自西來入之河一曰半拉窩集巴蘭之音轉也出城東黑背子山又東北入烏蘇里江北岸界富克錦

烏蘇里江既受大穆棱河入富克錦城界又東北奇虎林河自西來注之河出奇虎林山東南流錯入甯古塔折東北復入三姓又東北入烏蘇里江又東北錫布克里河自西來注之河出安巴依力克山又東北東受愛心泡及西北湖二水又東北西受阿布欽河河出西芬蒨山又東北東受雞心小濤二河又東北諾羅河自西來注之

諾羅河一名撓力河出自富克錦界之老嶺兩源共合東北流受南來之喀穆圖河今曰哈瑪通河源出七虎林山在富克錦城南三百三十里入撓力河又東北受佛倫窩集北麓之水又東北受西來之依瓦魯河

源出阿爾哈山至富克錦城東南二百五十里入撓力河又東北有博親河自南來注之博親或曰波親今曰寶清輿圖作傳親誤也源出佛倫山至富克錦城東南二百八十里入撓力河又東北有大齊勒欽河合威罕珠河自西來注之又東北有小齊勒欽河自南來注之大齊勒欽河源出佛倫山在富克錦城東南二百八十里入撓力河小齊勒欽河源出阿爾哈山至富克錦城東南二百二十里入撓力河齊勒欽即古之錫拉忻路一統輿圖作西拉布西錫音同布則字之誤也今正之威哈珠河出自西南窩集東北流經鄂爾和拉山南東流入錫拉河同注諾羅河又東有大佳奇河小佳奇河自南來注之大佳奇河源出安巴依克特力山至

富克錦城東南二百三十里入撓力河小佳奇河亦出安巴依克特力山至富克錦城東南二百七十里諸羅河受諸水總成一川東北流經入撓力河

諾羅噶珊北東入烏蘇里江

烏蘇里江又東北東受大淸朱克德奇罕爾燕窩敖翁萬達六河諸河並出江東窩集中又東北畢拉彥河自西來注之畢拉彥亦作畢蘭音出自和圖喀卡蘭山合兩源東注烏蘇里江又東北東受畢歆新開阿滿三河河並出江東窩集中又東北西分一支流入混同江舊目此河為蒐里其入江處在摩琳烏珠屯北經流又東而北東受牝牛靑牛七里空三河其地為俄鎮伯利地方即唐之勃利州也西南去三姓城一

千六百餘里江自東南海岸錫赫特山發源畢會西北之水至此凡二千三百餘里矣

混同江既會烏蘇里江水勢愈盛北流有庫魯河自西北來注之

庫魯河源出庫魯窩集合兩源受北來一水東南流七百餘里逕萬達山西麓東南入混同江

又東北有敦敦河自東南注之

敦敦河源出鏊鏊窩集亦曰明噶里窩集自東合五水西北流五百餘里入於混同江

又北有博敦河自東來注之有布庫河自西來注之

博敦河出自東海岸窩集中合三源西流二百里許注混同江

布庫河出自萬達山北麓合兩源東北流入混同江與博敦河東西相直水口如十字

又北有畢哷里河又北有查克蔥爾河皆自東南來注之

畢哷里河源出莊藹窩集西北流入混同江

查克蔥爾河亦出莊藹窩集西北流入混同江

又北有克齊河自西來注之

克齊河北有池曰富達里塔爾噶其東北曰墨勒

奇塔爾噶其東南在混同江之東者曰和𧖊塔爾

噶皆左右夾注於混同江

又北對䍐河自西來注之

對䍐河亦曰兌根河源出西北山東南流逕墨勒

奇塔爾噶池北入混同江

又北有畢勒圖河自東南來注之

畢勒圖河源出自東南山中合兩源西北流百餘

里經巴哈里噶珊北和里噶珊南注於混同江

又北有格楞河自西南千里來注之

格楞河源出格楞窩集在奇穆尼河源北三百里

有二源北源東南流數十里受西來一水又東南九十里而南源東北流百餘里至此合焉又東北百里許受西南來一水又東受西北來一水又東北屈東流有多索密河自西北來入之河出西北卓奇里山合三水東南流三百餘里注格楞河又東南三百里瀦爲克音湖出湖北流百餘里入混同江

又北有庫勒古河自西北來注之

庫勒古河出自西北松林中東南流二百餘里入混同江

又東北有優克特河自東南來注之

優克特河自東南山中西北流三百里許入混同江

又東北哈爾吉河自東南來注之

哈爾吉河出自東南山西北流二百餘里入混同江

又北喜拉遜河自東南來注之

喜拉遜河源出東海岸大山合二源西北流四百里許遜克圖哈嚕珊南入混同江

又東北有綽羅河都林河自西來注之齊克都哈河延塔哈河自東南並注之

綽羅河出自甯古塔東北三千餘里松林中東流二百里許入混同江

都林河亦出松林中東流百餘里入混同江

齊克都哈河亦出自松林中合兩源東南流二百餘里入混同江

延塔哈河出自東北無名小山西北流百里許入混同江

又東北折正北有札依湖奇集泊自東南滙衆水來注之

札依湖赫哲謂之札依徯温徯温湖也距烏蘇里

江口一千五百三十餘里混同江至此折向正北湖居其東岸之南可二十餘里其北七十里卽奇吉泊亦曰奇吉傒温徑約六七十里東踰山嶺二十餘里卽庫葉海峽矣奇吉泊在混同江東南數十里上源四西曰瑚依里河自南來會少東曰道萬河自南流百里許來會次東曰錫拉希布河自東南合兩源行二百里西北流來會又東南曰諾穆登特河自東南合兩源西北流三百餘里來會瀦爲泊自西北出流入混同江

又東北得鄂提河又北得一水又北得岳敏河並自

東南來注之

鄂提河自東南山中西北流百餘里入混同江其北有池曰端塔爾噶

岳敏河亦自東南來西北流百里許瀦爲湖西入混同江

又東北畢瞻河自西北來奎瑪阿塔爾噶池水自東南來並注之

畢瞻河源出齊古塔城東北一千五百餘里之穆里罕山合四水東流六百餘里逕色棱蘇大山南入混同江

奎瑪阿塔爾噶池水自東來西北流百餘里瀦爲

池自西北出入混同江

又東北有圖纏河次東北有梅庫河次東北有福達

哈河自西北來有錫雅哩河自東南來次東北有瑪

哈勒多河次東北有赫勒爾河自東南來並注之

圖纏河自西北松林中東流二百里許入混同江

梅庫河自西北松林東南流二百餘里入混同江

福達哈河自西北松林曲折東南流百餘里入混

同江其東岸卽錫雅里河

錫雅里河來自東南山西北流百里許入混同江

瑪哈勒多河自東南山西北流百餘里入混同江

赫勒爾河西北流數十里入混同江

又東北發提音河又東北森奇勒河奇音河並自東

南來注之

法提音河源自東海西岸大山西北流百餘里入

混同江

森奇勒河

奇音河亦自海岸大山西北流數十里入混同江

又東北阿里奇河自東南來注之

阿里齊河源出自海岸大山西北流二百里許逕

穆和勒噶珊北西入混同江

又東北有亨滚河合數大水自西北來注之

亨滚河或曰恆滚或曰興滚一曰亨庚源出揚山其北即外興安嶺南麓嶺北即康熙中與鄂羅斯分界處也河出揚山之東隔嶺東麓曰亨滚尼河源東流二百餘里合北來一水東南流百數十里而合有哈達烏哼河自南來入之河出尼滿河源之北中隔大嶺自嶺北麓北流有西來二水合爲一東注之又北又一水自西來注之又北三百餘里注興滚河又東南流有額爾勒河自西北來注之河一作厄爾勒盛京通志別出之以爲二水非也源出窩聶哩神山南流百餘里有亨庚窩集之水合二水自西北來

合爲一東南流百餘里入興滾河亨庚窩集水蓋興滾河之别流也又東南流有魯庫河河出楚察馨山薩穆尼河河出九文山自北來伊穆河河出揚古岱山達拉哈河河出庫爾布山自南來左右交注之又東南流經集達特噶城之東南注混同江源流幾二千里

又東北有噶穆河自北來注之

噶穆河源出外興安嶺之南麓東南流二千餘里經集達特喀城之北東注混同江

又東北有巴爾喀河自東南來喀圖密河自西北來瀦爲伊斯庫魯泊水出其東南口西北流來並注之

巴爾喀河出自海岸大山西麓西流百里許逕塔

克提音噶珊之西而北注混同江

額圖密河源出甯聶里神山東南流受北來一水

又東南受西來一水合而東瀦爲伊斯庫魯淀自

其東南口東注混同江

又東北有鄂達哩勒河又東北有克齊河均自東南

來齊林吉河自西北並注之

鄂達哩勒河亦出海岸山西北流入混同江其北

岸即額圖密河

克齊河亦出海岸山北流逕阿拉哈噶珊西西注

混同江其對岸卽齊林吉河

齊林吉河自伊斯庫魯淀北東南流入混同江

又東北有岳米河次東北有里齊河次東北又有里

齊河次東北有法特哈河並自西北來注之

四水皆出自西北松林中各東南流百餘里入於

混同江

又東北逕提陽阿山西南瓦金噶珊之北爲入海初

口又東北逕札哈達噶珊之南受西北來之堪丹河

同入於海

堪丹河出自魯穆喀爾峯兩源歧發南流百餘里

總成一川東南流逕達布哈鄂佛羅之南入混同江同入於海混同江北岸爲俄鎮廟爾距烏蘇里江口二千二百七十餘里凡外興安嶺以南長白山以北諸水俱匯於此由此向東偏南行百餘里即出海口口內有天然八島立島上可望見庫葉島高山廟爾之北即入海之甯湼河矣

吉林通志卷二十三

輿地志十一　山川六　水道下

鴨綠江之水第二

鴨綠江漢爲馬訾水漢書地理志元菟郡西蓋馬縣馬訾水西北入鹽難水西南至西安平入海過郡二行二千一百里通典云馬訾水一名鴨綠江者是也郡二一曰元菟曰遼東西安平漢遼東縣也二千一或作一考漢志行千里之水大抵得今六百里今鴨綠江源流千餘里正合漢時二千一百里之數作一千者誤也水一名益州江卽渤海益州所治源出長白

山南麓通典所謂源出東北靺鞨白山者也去吉林府東南六百里敦化縣正南少西三百里東與圖們江源止隔一嶺亦曰分水嶺上有康熙中吉林與朝鮮分界碑存焉文曰康熙五十一年大清烏拉總管奉旨查邊至此審視西爲鴨綠東爲圖們故於分水嶺上勒石爲記水兩源分導合流而南二百里許東岸界朝鮮折而西三百里許南岸界朝鮮凡長白以西連山南麓之水自二十一道溝至頭道溝皆自北次第奔注之溝自東而西每水大抵相去十餘里其流自北而南或長數十里或長百餘里不等江受諸水其勢始盛盛京通志所謂長白山北諸泉南注匯爲大江者也遥帽兒山南山在吉林府正南五百餘里折西南流入奉天通化縣界

赫爾蘇河之水第三

赫爾蘇河古之南蘇水也漢書地理志元菟郡高句驪有南蘇水西北經塞外陳奐水道圖說謂今昌圖廳東境赫爾蘇河西北流逕科爾沁左翼乃漢塞外地也其水又西南入大遼水按漢高句驪縣兼有今伊通州及奉天海龍廳地赫爾蘇河出海龍廳入伊通州境皆漢塞內地其西北流出柳邊後逕蒙古部落則塞外矣故知赫爾蘇河爲南蘇水無疑河爲遼河上流故亦有外遼河之稱源出海龍廳西北平頂山西北流逕赫爾蘇河台入伊通州西南境直北流

四十里逕鄭家屯又北二十里逕赫爾蘇站西又北十里大孤山河自東南來注之

大孤山河一曰昂邦雅哈河因其西有阿濟格雅哈河故以昂邦别之昂邦大也阿濟格小也河出奉天海龍廳西北榆樹嶺西北流逕孤山河台入伊通州西南境逕阿爾坦額墨勒站卽大孤山站也折而西逕莊家屯南受楊樹河河出州西小山又西受小孤山河卽阿濟格雅哈河也出州西小孤山又西逕北大嶺南入赫爾蘇河

又北三十餘里受張家溝河又北十餘里西受蒿米

溝河又北十餘里出赫爾蘇邊門入奉天奉化縣界赫爾蘇河入奉化縣遂名大遼河北流一百二十餘里折而西二百里折南流八十里許入開原縣界又南四十里蟾河合葉赫河自伊通州境西流注之

蟾河一曰沽源河八旗滿洲氏族通譜所謂沽地方者是也俗呼滾河亦曰扣河源出奉天海龍廳西北流入伊通州西逕歡喜嶺又西北逕鎮北堡又西北逕前城子葉赫河自東來注之葉赫金史世紀之耶悔也河出伊通州西嘎哈嶺俗呼為橫道河西北流逕葉赫站又西北逕孤榆樹北受老虎洞溝又西北逕蒙古霍羅站北北受艾家溝河又西少南入蟾河折而西出威遠堡邊

門遥奉天開原縣入於大遼河

尼什哈河出塞赫里山在吉林西南四百餘里邐

迤東北流入赫爾蘇河

三

圖門江之水第四

圖門江在琿春城東南四百里其南卽朝鮮咸鏡道漢之樂浪郡也金史世紀景祖兵勢稍振統門水溫特赫部來附又天會九年以統門水以西和屯錫馨珊沁以北閒田給海蘭路穆昆又埒克傳埒克統門琿春水合流之地烏庫里部八所云統門卽圖門音轉字耳皆此地也出長白山南麓分水嶺東麓凡二源北曰下乙水南曰石乙水東流會於碧桃花甸南合東北流左岸爲朝鮮界又東北逕紅土山紅土河自北來入之

紅土河出城西南山潴爲圓池溢南流二十餘里入圖們江

又東逕長山嶺南長山嶺河自西北來入之

長山嶺河出大秫稭垜山東南流五十里入江

又東北太箕溝河自西北來入之

河亦出大秫稭垜山屈曲東南流七十里許入江

又東北折東南逕長坡嶺南外七道溝河自北入焉

河出長坡嶺西合兩源東南流五十里許入江

又東逕沙窩堡南紅溪河合衆水自北入焉

紅溪河亦出大秫稭垜山東流而南北受小水一

又南流西受小水二又南外馬鹿溝河合一小水自西來入之河出城西無名山與入松花之裏馬鹿溝河僅隔一嶺自其處東流五十餘里受北來一小水又折東南北受一小水又南東四十里許入紅溪河石人溝河自西入焉河出城西無名山東流八十餘里入紅溪河又東南逕紅溪河嶺受北來一小水合而南入圖們江

又東北逕望江台山外六道溝河自北入焉六道溝河出城西小山南流三十里受西來一小水又南三十里入江

又東北受杫杷溝河河出無名山南流三十餘里入圖們江

又東北外五道溝河自西北入焉

河出無名山屈曲東南流百餘里入圖們江

又東北受石洞溝河

河出將軍石山東泡子沿東南流三十里入江

又東北外四道溝河自北來注之

河出牛心山東南流北受太平溝河又東南樺樹

條子河來自西北東合小外四道溝鹻廠溝河榆

樹條子河同入焉又東南入圖們江

又東北逕高麗崴子折東南流金沙溝河自東入焉

河出江北小山北合小水二西流三十里入江

又南折而東而東北北受杉松背河

河出和龍峪南流二十里許入江

又東北逕和龍峪達呼哩溝河自北來入之

和龍峪城西山也通商總局在焉河出其東東合

小水三南流入江

又東北石門溝河自北入焉

河出城西無名山合一小水南流入江

又東北逕光霽峪馬平嶺河自西北來入之

光霽峪城西山也通商分局在焉河出其北以逕

馬平嶺入江因以名之凡行三十里

又北逕小鍾城歲有二水合流自西入焉二水南曰始建坪河北曰大花尖山河各出其山東流三十里合爲一又東入江

又北逕豐都鎮折而東十三道噶雅河自北來注之十三道噶雅河即噶哈哩河也源出琿春城北一百七十餘里小圖們山直西流北岸界甯古塔逕三岔口北薩奇庫河自北來注之

薩奇庫河出甯古塔城南一百四十里老松嶺東南流東受三道河又東南受牛圈溝河又東受石頭河河並出老松嶺西麓又東南逕薩奇庫站西西

受駱駝磖子河河以山名東流數十里入薩奇庫河又東南逕小三岔口西受阿穆達河河出城東南山東流數十里南受小水四合而東入薩奇庫河東受小噶雅河河出城東南山西流三十里入薩奇庫河合而南入十三道噶雅河河南琿春界也

十三道噶雅河又西南逕太平嶺東直南流東受大荒溝河河出琿春城北山西流八十餘里入噶雅河西受苦水河河出城北大紅崴子東流六十里逕瑚珠站南瑚珠河合三源自北來會合入噶雅河又東南逕東崴子大小旺清河合諸水自東來入之大旺清河出琿春東北山西流一百五十餘里小旺清河自東北來凡行百餘里合尖山水入焉折西北流西受長嶺子河東受夾皮溝河又西西北東受大柳樹河小柳樹河合入噶雅河折西流逕

鍋盔頂子折而南牡丹川河合數水自西入焉河出西大坡東流數十里北受元羊磖子河又東哈螞塘自北來入又東受北來之摩天嶺河又東入噶雅河又南西受白菜溝河河出牛心山東又東南廟嶺河窩窿山河合入焉水各出其山東流數十里合爲一入噶雅河又東南金沙溝河合數水自北來入之金沙溝河出長嶺子直南流東受小水二西受五人班河又南逕大坎站大坎河自東入焉又南南有小二道嶺河合三源北有新房子河各西流逕尼什哈嶺合爲一北注金沙溝河又西入噶雅河又東南東受鬧枝溝河河出高麗嶺又西南逕小盤嶺佈爾哈通河合十餘水自西來入之

佈爾哈通河一曰布爾哈圖河源出敦化縣東

哈爾巴嶺東南流東受頭道溝北頭道溝二道溝北二道溝四河又東南東受鎌廠溝河河出四方台山西流七十餘里逕鳳頭山北入佈爾哈通河又東南逕鐵盤嶺東受糧米台河又東南逕青龍山北受廟兒溝河河出城西北山西流五十里折而南入佈爾哈通河又東流東受小廟溝河河出城西北山西流數十里北合一小水入佈爾哈通河又東南逕五峯山南受柳樹河河出胡仙洞山又東南逕天寶山北礦務局在焉又東南逕花砬山胡仙洞河自西來注之河出城西北無名山東流逕天寶山南東入佈爾哈通河又東南逕偏臉砬子西受錫林河一曰細鱗河出無名山東流數十里又東南

逕煙筒磖子北太平溝河自北來入之河出五峯山東合三源屈曲東流三十里許北有朝陽河小苦水河分流南來逕西大坡南合爲一入焉又東南入佛爾哈通河又東延吉河自北來入之河出煙集岡西東南流五十里入佛爾哈通河又東逕甕圈山南海蘭河自西南合數十水來注之

海蘭河金之海蘭路元之海蘭府地金史世紀孩懶水烏林答部石顯拒阻不服又石適歡撫納曷懶甸皆同音字實一地也今呼曰駭浪河高麗嘗築九城於此或以鳳凰門外之九連城當之非也用兵高麗事在康宗之世其時金之

疆未能極於西南且史明云九城則固爲星羅棊布之勢而九連城實止一城此既不合又史云築城於海蘭甸而今鳳凰門地則固無此河名史又云金之號令東南至於海蘭耶懶耶懶卽雅蘭爲今吉林極東南地證之世宗紀海蘭耶懶相去千里之說無不相符是亦九連城不在西南之驗也元地理志海蘭府有海蘭河流入於海亦卽此地但海蘭河會布爾哈通河以達十三道噶雅河注於圖們江乃入於海元志海蘭河入海之文亦失之不考也河出琿春西

二百八十里牛心山合三源東北流東受三道溝河河出土山子又東北北受二道溝河河出富爾嶺東南流北受小水一南受小水四合東南入海蘭河又東南北受頭道溝河河出哈爾巴嶺南東南流北受小水一南受小水一合東南入海蘭河又東折而南南受四道溝河河出八家子又東逕關門嶺南南受五道溝河河出無名山東北流逕高麗崴子北入海蘭河又東逕馬鞍山南六道溝河合七道溝河小七道溝河大磖山河自南來注之河並出和龍峪北北流合爲一入海蘭河又東北南受墩臺溝河河出琿春城西山又東北南受八道河河亦出城西山北流入海蘭河又東北入佈爾哈通河

佈爾哈通河既受海蘭河合東北流北受依蘭溝河河出西大坡東南流逕小磨盤山東又東南入佈爾哈通河又東北北受葦子溝河河出廟嶺南屈東南入十三道噶雅河十三道噶雅河又南入圖們江

又東逕大高麗嶺南大通河自北來注之大通河出高麗嶺東南流北受和尚嶺水半截河又東南東受泮子溝河合爲一屈而南入圖們江

又東南逕空同山南北受涼水泉河河出琿春城北磨盤山西北流一百三十餘里匯爲二入圖們江

又東受乾河

河出高麗砥搭南入圖們江

又東受太平溝河

河出下窪子北

又東逕密瞻站密瞻河自東北來入之

密瞻河出密瞻窩集西南流南受大黄泥河又西

流北受檳榔溝河又西南逕闞門嶺子北受棃樹

溝河又西流南受小水一北受拐磨子溝河又西

南北受東岡河又東南北受騾圈溝河又西南北

受小砥搭河又西南北受一小河南受乾密瞻河

又西南逕荒山坡入圖們江

又東而南受老河身河

河出二道嶺子

又南受陰陽河

河出大青溝嶺

又南逕西步江琿春河自東北來入之

琿春舊作渾蠢金史世紀圖們渾蠢水之交有烏

庫里部者是也河出琿春城東北通肯山合三源

西南流東受香房溝河又西南東受一小水又西

南逕土門子招墾分局在焉小圖們河自北來入

灣溝河台馬溝河黑瞎背河次第自南來入少西大圖們河自北入焉河出城北土門子山又西南北受六道溝河大六道溝河南受太平川闊枝溝梨樹溝三河又西南氷林河四方頂山二河北受五道溝河大五道溝河又西杉松溝秀松溝河榆樹河四道溝河小柳樹大柳樹河南受錫伯河錫伯盛京通志作璽泉錫璽同聲字伯或作帛以形近而誤爲泉實一水也今俗稱西北溝河亦轉寫之誤今爲正之西闊枝溝河胡盧河俗呼胡盧畢拉河非是畢拉國語謂河也不應連用其誤又與興安嶺同矣又西逕老龍口三道溝河合外郎溝河二道溝河合小水一皆自北入焉少西沙金溝河荒

溝河頭道溝河自北入大紅旗屯河自南入焉少西分支流南出繞八大屯而北復合北受駱駝河又西過琿春城東而南而西車大人溝河自東北來入焉（河出城北後山屯西南流過琿春城西而南入琿春河）又西南小二道河合於大二道河自東入之又西南東受龍首山河（河出其山）板石溝河少西入圖們江

又南西岸界朝鮮東受小河三

河並出城南火龍溝嶺

又東南東受蓮花泡河

河出城南大黑頂子山西南入圖們江

又東南逕玉泉洞南折而北逕五棵樹復折東南流逕雲臺山圖兒河自北來入之

圖兒河出沙坨子北自西而東而南瀦爲池者八逕圖兒河屯西西南流由雲臺山北麓西入圖們江

又南逕土字界牌復南至圖們江口入於海

混同江口以南以北入海之水錦五

海爲百川之滙自混同江口而南南訖於海有錫赫特山混同江口以北亦有大山或去海數十里或數百里連峯不斷其西麓諸水皆分入烏蘇里江混同江其東麓諸水皆自入海無大川今敘次自南而北起圖們江口而東訖康熙中與鄂羅斯分界之外興嶺以盡東海之境焉

海自圖們江口東北過望海島而東斗入西北數十里有英額牡丹河自南來入之又西北有英安河自西南入之

英安河源出哈桑湖東流受南北小水二東北入海又西北受小黑頂子山水其東爲珠倫河

珠倫河源出喜彰山今之西沾山也合四水東流數十里受北來之横道河横道河出自神仙頂子山合兩源南流入珠倫河又東南入於海其東爲佛多石河

佛多石河出自佛多石山合三源受小水四南入於海又東爲巖杵河

巖杵河在琿春東南九十里俄之巖杆河鎮在焉南流三十里入海海口俄鎮曰摩潤崴西北距琿春一百二十里口南數里有二石山生海口水中平列如

門與長江東西梁山相似但形勢較小耳商船出入莫不由此嚴杵河之東爲伊力河

伊力河南流數十里入海其東爲吉新河

吉新河通志之濟秦河也在琿春東南一百五十餘里出無名山西南流數十里入海又東南數十里爲舒爾霍薩河

舒爾霍薩河出無名小山東南流數十里入海其東爲阿吉密河

阿吉密河源出哈發山東麓與琿春東北黑山背卡倫連界其東北距蒙古街俄鎮西北距彥杵河俄鎮

皆二百里合四水南流入海海口東南有大多壁島在焉其東額集密河也

額集密河源出錫伯窩集東南流數十里入海其東爲圖拉木河

圖拉木河東南流入海其東爲西吉密河

西吉密河合兩源受東西兩小水東南流數十里入海其東北爲薩瑪河

薩瑪河東南流入海其北蒙古河也

蒙古河今之蒙古街也亦曰蒙武河爲綏芬河海口之支河在三岔口正南二百餘里東北距哈瑪塘俄

鎮二百餘里西南距阿濟密俄鎮里數亦同河源出分水嶺蓋錫赫特山之東麓也啦字界牌在焉合三源東流受北來三水其有名者曰斐雅河曰納爾琿河折東南流有一水合數小水自西來注之屈曲東南流入於海此水源流凡百餘里其東有小馬鞍山水大馬鞍山水皆南流入海又東北為昂邦畢拉國語謂大河也亦出分水嶺帕字界牌在焉合三源南流受西來二水逕赫圖蒙古山東折東南流凡百五十餘里入於海其東即大綏芬河

大綏芬河金史之率賓路也一曰蘇濱水又曰恤品

水明統志作恤品河又複出速平江又倒作速江平皆對音字以地望診之即今綏芬河也源出琿春城北一百七十里圖們山俗曰土門子山東北流北岸界甯古塔折而西北兩岸皆入塔界逕穆稜窩集折東北流協領河自西來入之

協領河出甯古塔東一百餘里老松嶺東南流南受烏拉草甸子河河亦出老松嶺合二源東北流入協領河少東受羊草河河亦自南來又東南逕關門觜子山倭林喀河自北入焉河出城東三百里太平嶺西南流綏芬甸子河自南受三水北流來入合西流北受小水一屈曲西南流入協領河又東南北受一小水又東南小綏

芬河自西南來入之河即鄂勒歡綏芬河也出穆棱窩集東北入協領河又東南入大綏芬河

大綏芬河又東受西北來一水輿圖以為塞朱倫河又東有一水自北來入泡子河土人曰大泡子河又東逕三岔口招墾總局北有萬鹿溝河自北入之

萬鹿溝河出自萬鹿溝嶺兩源歧出合而南受東水一西水一流數十里南入大綏芬河

大綏芬河又東至瑚佈圖河口有瑚佈圖河自南合數水來入之

瑚佈圖河一名無沙溝河或作烏蛇溝河出琿春

東北分水嶺合三源故亦曰三岔河直北流逕帕字界牌西岸屬琿春又東北受東來三水西受老河身河又北受石頭河（河出通肯山東北流受小水一合入瑚佈圖河）又北西受亮家川河（河出太平岡）又東北西受廟兒嶺河又東北西受鰱廠溝河又東北佛爺溝河自西來注之

佛爺溝河亦出穆棱窩集直東流南岸界琿春北岸界甯古塔北受錫伯溝河撈枝溝河南受索龍溝河大肚川河狠洞溝河又東逕瑚佈圖卡倫南小瑚布圖河自西南來會

小瑚佈圖河卽小烏蛇溝河亦曰小無沙溝河源出通肯山東北流逕鵲枝溝屯鵲枝溝二河自左右分入之又東北逕瑚佈圖卡倫南與佛爺溝河瑚佈圖河合爲一所謂三岔口也西距甯古塔四百八十里西南距琿春五百里東距雙城子俄鎭一百四十里爲中俄分界之地河自其處又東北注於大綏芬河卽瑚佈圖河口也綏芬河自發源至此已二百五十餘里矣

大綏芬河又東流逕小孤山北有外八道河自北來入之折東南而東受北來之內河又東有一水自北

來入之採訪者不得其名謹按輿圖有琿達河發源琿達山南麓南流入綏芬河以地望諗之疑即此水又北逕雙城子俄鎮距三岔口一百四十里其北距紅土岩俄鎮二百二十九里古爲肅愼國地漢爲北沃沮金爲率賓路明爲建州衛野人衛交界之處地以東西二城得名東曰傅爾丹城西爲朱爾格伊城其刱自何時則不可考矣其南有七道溝河合衆水自西南來注之

七道溝河源出木耳溝北流四十餘里折而東八十里許有劉致河自西南來入之劉智河合兩源北流受西來一水合東流注七道溝河又東流七十里會西南來之舒圖河

郎輿圖舒藩河也源出甯古塔東南荒山兩源歧發合爲一東北折東流受西南羊子溝河黃溝河東北注七道溝河　又東入於大綏芬河

大綏芬河又東受北來一水採訪者失其名謹按輿圖有喻哈河源出哈希山南麓南流入綏芬河以地望證之即此河也折南流三十餘里逕石頭河站西西南流逕哈瑪塘站西四道溝三道溝二道溝頭道溝河次第自西來入之又南入於海自發源至此凡七百餘里其東爲黃泥河又東南爲小青溝河又南爲大青溝河

黃泥河自東北來西南流數十里入海

小青溝河亦自東北來西南流數十里入海

大青溝河自北來南流折而西入於海海自其處縮入西南數十里形如撮箕有海參葳俄鎮在焉距雙城子二百十三里强西南海道距巖杵河三百餘里距琿春四百里陸路僅西北一道自蝦蟆塘來一百二十餘里出入山澗林木參天海口長十餘里寬七八里自其處至圖們江口海中島嶼相望也其東北

有瑪蹬河

馬蟻河一曰富勒佳哈河出大山松林合兩源西南流入海

佛林河一曰佛拉河在富爾嘉哈河東出勒富特勒

庫山南流入海

錫拉河在佛林河東出勒富窩集南流入海

錫林河在錫拉河東出大山松林南流入海

都爾呼河今日土爾庫河在錫林河東南流入海會典無此河而錫林河之次有大烏濟密河其次有小烏濟密河今大小烏濟密山正在此處疑此當爲大烏濟密河也

烏濟密河在都爾呼河東出小烏濟密山南流入海

雅蘭河在烏濟密河東金之耶懶路所謂耶懶率賓相去千里者也出錫赫特山南入海海自其處趨而北衆水皆自西入之

喜祿河今曰希魯河在雅蘭河東北亦出錫赫特山東入海

瑚葉克河在希魯河北自錫赫特山東麓東入海

外富金河在瑚葉克河北出錫赫特山東麓東入海

塔爾芬河在外富金河北東入海

額穆里河在塔爾芬河北東入海

勒富勒河在額穆里河北東入海

烏爾欽河今曰胡爾新河在勒富勒河北受南來之

錫拉河東入海

岳塞河在烏爾欽河北出阿爾哈峯東入海

額哷河在岳塞河北古使鹿地也出大山松林東入海

濟勒河在額哷河北東入海

都爾河在濟勒河北出鏨鏨窩集東入海

瑚葉克河在都爾河北東入海

奇魯河在瑚葉克河北出錫赫特山東入海

僧庫勒河一曰森奇勒河在奇魯河北出僧庫勒窩集東入海

克默勒河在僧庫勒河北出奇雅喀勒人等所居山中東入海

額齊題河在克默勒河北東入海
尼葉里河在額齊題河北出額富進山東麓東入海
提揚藹河在尼葉里河北東入海
克哷穆特河在提揚藹河北出奇雅哈勒人等所居
山中東入海
察哈瑪河在克勒穆特河北東入海
底濟密河在察哈瑪河北東入海
尼滿河在底濟密河北東入海
都圖佈河在尼滿河北出自海岸大山東入海其北
爲混同江口

甯爾河在混同江口以北出齊嘉克山東入海海自
其處折而西衆水皆自南入之
古第河在甯爾河西出集達特噶城北山中北入海
瑚圖魯河在古第河西東北入海
鄂古河在瑚圖魯河西北入海
吉特河在鄂古河西北入海
瑪呢噶河在吉特河西北入海
阿拉河在瑪呢噶河西北入海
索倫河在阿拉河西北三百餘里自西來東流入海
康熙中與俄羅斯分界於此爲三姓所屬極東北際

海之地

底拉河在索倫河西北三百餘里東入海

烏底河在底拉河西北出外興安嶺南麓東流二百

里入海分界時此兩河爲甌脫地蓋昔日東海之境

極於此焉

庫葉島之水第六附

庫葉島在甯古塔城東北三千餘里混同江口之東大海中舊隸三姓新唐書黑水東北有窟說部亦號屈說又流鬼南與莫曳靺鞨鄰明開原志苦兀在奴兒干海東明一統圖東北夷有兀列部特林碑亦有東海苦夷之語今輿圖作庫葉一作庫頁凡窟說屈說莫曳苦兀兀列苦夷庫頁皆庫葉同聲字也其地四圍皆海雖一洲島而幅員千里爲混同江口大護沙其間捕牲部落曰庫頁曰費雅喀曰鄂倫春歲時貢貂皮於吉林一統志謂爲甯古塔所屬大洲會典

圖說謂爲三姓所屬海以外大洲　盛京通志之混同江口大洲水道提綱之海中大長島皆此地也南北袤長一千六百餘里（南自極高四十九度八分至極高五十四度四分）東西最濶三四百里或一二百里（西近混同江口小圓島爲東二十六度半至東北斜處爲東三十度四分）距西岸近處僅百里許地形天矯如游魚中脊有山連峯自北至南松林相望蜿蜒不絕其有名者曰圖克蘇呼山居島之西北其西南曰英吉申山山之東曰塔他瑪山居島之中者曰阿當吉山最南曰齊都齊山山左右之水分東西流入海其西入海之水有八近混同江口兩岸正居島地之中

者曰博和弼河

博和弼河源出英吉申山南麓西南流受東來一水

又屈曲西南流入海長三百里其南爲杭愛河

杭愛河源出塔他瑪山西麓西南流入海其東南爲

題巴努河口

題巴努河亦出塔他瑪山西麓西南流入海其東南

爲温特呼河

温特呼河亦出塔他瑪山西麓西南流入海又東南

爲楚察馨河

楚察馨河東出松林中合兩源西流入海其東南爲

楚拉河

楚拉河亦出松林中西流受西北來一水又西流入海其南爲特肯河

特肯河出阿當吉山西麓西流逕特肯噶珊北入海其南爲㿽對河

㿽對河今呼爲堆依河出阿當吉山西南麓西南流逕㿽對噶珊北入海

右皆西流入海之水自㿽對河又東南爲蒲龍噶珊又東南曲曲而南爲島之南盡處自博和弼河而北而東北皆鄂倫春人等所居凡九百餘里無

水也其東入海之水有九最南者曰阿當吉河

阿當吉河出阿當吉山東麓兩源合東流入海其西北三百里爲齊都齊河

齊都齊河出阿當吉山北麓東流入海又西北二百里爲塔他瑪河

塔他瑪河出塔他瑪山東麓東流入海其西即庫葉人等所居又西爲英吉串山蓋兩山對峙也又東北爲果多和河

果多和河在博和弼河隔山之東兩源合東流入海其東北二百里爲努哩伊河

努哩伊河長三百里合三源東流入海其北爲達希河

達希河長百里許東流入海其北爲薩依河

薩依河出圖克蘇呼山東南麓兩源合逕薩依噶珊南東流入海又北稍西二百里爲弼勒圖河

弼勒圖河出圖克蘇呼山東麓合三源逕弼勒圖噶珊南東流入海又北百數十里爲額爾雅河

額爾雅河出圖克蘇呼山東北麓合兩源東北流逕額爾雅噶珊之南入於海自此而北百里爲烏北書處其南則費雅喀人等所居也

右皆東流入海之水自阿當吉河而南而東而西南至烏盡處無水也

# 吉林通志卷二十四

## 輿地志十二　城池

吉林城舊名船廠又名永吉州康熙十二年八旗通志作十三年副都統安珠瑚監造南倚松花江東西北三面豎松木爲牆高八尺北面二百八十九步東西各二百五十步門三周圍有池池外有土牆爲邊邊牆東西亦倚河岸周七里一百八十步盛京通志三十一乾隆七年重修同治六年又重修之同治五年將軍富明阿副都統富爾蓀倡率文武員弁勸捐派員修築土圍城垣計一千七百四十九丈三尺七寸外圍八百零六丈經始於五年九月至六年十月工竣凡杈垛土牆甎砌女牆及橋梁牌樓影壁江隄各工凡費錢十三萬二千零五十六串六百

三十文共捐錢十六萬餘串除修費外尙賸合銀一萬四千兩發鋪商按月生息一分留作歲修之用杈垛土墻高一丈一尺不等基寬一丈三尺五六尺不等頂上磚砌女牆高三尺老北門改修牌樓額曰鞏固金湯向北展修加二百九十八丈三尺七寸計共折九里零二百五十八步三尺七寸又增建門五合舊門爲八東之北曰東萊其南曰朝陽西之南曰迎恩中曰福綏其北曰北極北之西曰德勝中曰致和北之東曰巴爾虎皆有樓唯致和福綏未起樓光緒九年將軍希元改修磚牆加築垛口高一丈二尺八寸池深一丈南面江隄嘉慶十八年被水冲坍築

土重修同治六年改修木栅欄一道長九百丈計五里周圍城牆合江隄共十四里零二百五十八步三尺七寸城西外圍同治六年添建土牆一道南至江坎北至山根廣四里零一百七十二步今外圍已圮工司檔案

伊通州城舊設巡檢無城光緒七年改設州治十四年始築土城知州負啟章監造磚砌垛口周圍約三里牆高三丈門樓四東曰省耕南曰昭文西曰承恩北曰會極池深二丈闊三丈冊報

敦化縣城原名莪東城光緒七年知縣趙敦誠監造

築土爲牆上蓋木板城樓磚砌垛口周五里門五東曰迎旭南曰來薰西曰挹爽小西門曰德勝北曰拱辰池深一丈冊報圖說合輯

長春府城原名寬城同治四年馬賊竄擾由商民捐建築板爲牆高一丈餘周二十里門六東曰崇德南曰全安西曰聚寶北曰永興西南曰永安西北曰乾佑池深一丈冊報

農安縣城俗名龍灣舊有土城坍塌不齊周圍約七里光緒十六年知縣黎尹融籌款修建於舊基上加築土牆垛口設門樓四東曰聚畜南曰阜財西曰寶

稽北日衛藩又作藏富水洞門三上蓋木板池深一丈冊報

伯都訥廳城舊名孤榆樹無城光緒三年廳治由伯

都訥移駐商民捐修土圍一道高約八尺周四里門

四池深一丈餘冊報

賓州廳城原名葦子溝光緒七年通判王紹元監造

築土爲牆上蓋木板城樓磚砌垛口周圍約七里門

四池深一丈冊報

五常廳城舊名歡喜嶺光緒七年知縣毓斌監造築

土爲牆上蓋木板城樓磚砌垛口周圍約四里門四

東曰迎旭西曰承恩南曰來薰北曰拱極池深一丈

册報

雙城廳城原名雙城堡嘉慶年間商民捐建築土爲牆周圍約二十里册報同治七年總管雙福監修杈垜泥牆頂寬五尺底寬七尺高八尺女牆寬四尺高三尺共高一丈一尺牆內修馬道高廣各五尺周圍共三千一百丈城濠一道上寬一丈五尺下五尺深一丈城角築礮臺各一座門四東曰承旭西曰永和南曰承恩北曰洞賓每門水洞一道門左右各建礮臺一座費錢一萬一千三百七十串有奇均由商民捐築摺檔光緒八年添設廳治移總管於拉林册報

甯古塔駐防城康熙五年十二月工部議准甯古塔所有舊城是桅木隔石築造年久頽坍應酌量本處派夫照舊修理八旗通志營建志二因自舊城遷此將軍巴海監造松木爲牆中實以土高二丈餘檔案作高六尺五寸周二里半檔案作五百八十五丈門三東曰得勝西曰望闕南曰迎薰城外邊牆周十里四面有門西南瀕瑚爾哈河通志參圖說乾隆三十一年四十二年五十一年五十七年重修各門檔案光緒九年副都統容山重修牙城

重修牙城記甯古塔爲

國家發祥地猶姬周后稷始封之邰山川深阻形勢完

固北達三姓可控赫哲鄂倫春諸部南達琿春直拊

朝鮮之背東襟大海視日本諸島若在咫尺間東北

各邊居中扼要重鎮也俄羅斯侵佔我沿海數千里

之地奪我鄂倫春等部誘結日本謀吞朝鮮自咸豐

十年始

朝廷慮留守各旗兵力單薄不足以禦敵增餉練兵遣

大臣駐甯古塔督辦防務自光緒七年始於是東陲

日益多故光緒八年秋容山奉

命來統甯古塔各旗懼無以稱職汲汲以修武備爲事九

年秋集各旗將領謀大修城垣以資守禦咸以經費

無所出各旗生計窘不勝大役對時吳清卿通政爲督辦大臣聞之恐其事中止遂遣防兵六百來助修牙城以爲之倡閱十日而牙城成工速而費省僅用白金一千六百有奇又閱二十日而通政奉旨抽兵協防北洋以去通政嘗言滿洲俗尚武勇我朝肇興於此率一旅之眾拓地而南轉戰無敵遂一六合今各旗生齒十倍於昔茍簡其壯丁授以利器明賞罰勤訓練使戮力禦俄以自保其鄉里必遠勝於用客兵操防之暇即令修城既可習勞又可節費兩利之道也容山韙其言故泐之於石以爲各旗勖且

爲異日重修大城取法焉非僅爲牙城計也胡傳代容山作

伯都訥駐防城舊名納爾琿舊志作訥拉紅亦曰新城新城即伯都訥城在吉林西北五百二十里康熙三十三年移吉林副都統鎮守於此境內有舊伯都訥城在今城東二十五里周里許已圮建置年代無考因有舊城故名今城爲新城也何秋濤考訂龍沙紀略康熙三十二年建造城砌土坯高一丈二尺檔案作高八尺周七里半門四池闊七尺深九尺盛京通志三十一乾隆三十九年四十四年重修城門工司檔同治五年副都統烏里布捐修土城牆高一丈二尺周一千四百二十六丈三尺外濠深廣各一丈費錢一萬三千六百五十三串有奇摺檔

三姓駐防城在松花江南冊報康熙四年甯古塔副都統馬齊疏請三姓地方建造城垣因瑚爾哈所有舊城年久頽坍兵丁難以居住詳看舊城西邊地勢平坦可以築造隨經工部議准照伯都訥例築造土城計城周圍四百丈八旗通志營建志二牆高七尺池深七尺廣八尺盛京通志三十一雍正十年乾隆十七年嘉慶十一年俱重修檔案參冊報光緒十一年副都統宗室恆元集貲仍照舊基重修高九尺寬七尺垛口寬三尺周五里七分門四冊報

阿勒楚喀駐防城舊城右靠土山左傍阿什河冊報周

二里南北二門雍正七年改建木城周圍七百四十五丈通志作周圍三里高七尺通志作高一丈三尺池深八尺廣一丈乾隆四十年重修四十八年改築土城通志檔案合輯同治七年副都統海英於舊城外西偏築土爲牆高一丈周十八里門四東曰保安西曰鎮靜南曰承化北曰平易便門六池深五尺册報

琿春駐防城在琿春河東岸南與朝鮮接界皆庫雅拉等所居周一里門四建年無考盛京通志三十一光緒七年副都統依克唐阿用兵力建造築土爲牆高八尺周約七里門四東曰靖邊南曰撫綏西曰鎮定北曰

德勝池深七尺濠邊遍植楊柳報册

五常堡駐防城廳治東北二十五里築土爲牆始建時無考光緒元年協領國祥修城一面計一里半四年協領慶德重修立城門五東兩門曰恆豫曰東撫西曰萃升南曰向陽北曰綏遠池深八尺寬一丈二尺十四年商人捐貲於城四角各立礮臺一座圖說

打牲烏拉駐防城舊城於順治初年建康熙四十二年間屢患水災四十五年移至舊城迤東高埠爽塏之地改建新城築土爲牆周八里計一千四百四十丈高六尺八寸門四報册

拉林城在雙城廳治東南一百一十里同治七年佐領永海捐建土圍周八里半高一丈二尺五寸門樓四門旁各修礮臺一座濠寬二丈深一丈八尺檔摺

富克錦駐防城在三姓城東北松花江南岸光緒六年設協領駐防築土爲牆高六尺周圍一百三十三丈五尺門四池深六尺圖說

吉林境內古城

尼什哈城城東十二里尼什哈山上周二里南一門北二門城西一井木生其中有鯽魚池三石砌盛京通

志三十一

綏哈城城西五十里周一里（同上）

那丹佛哷城（舊志作納單佛勒）城南二百六十里東西二面各百步（舊志作四百步）南北二面各三百步城外有重濠門四內有一小城四面各二百步東西二門（同上）

輝發城城南三百七十里在吉林峯之上（郎聖音吉林峯）周圍三百步門一（同上）

太祖丁未年秋九月率兵往輝發國圍其城克之誅拜音達哩及其子撫降其眾（開國方略三）

吳兆騫過輝發（原作灰扒）廢城詩大漠何王國行人此日來雄圖一戰盡廢址百年哀魚鳥空橫草麒麟已沒

苔松聲悲舊壘水氣冷荒臺伊首龍庭日曾傳狼纛開勢窺東海盛部繞北關迴候月弸弓勁乘兵鐵騎催雨雄方齮齕雜種遂紛猜釁比徵祠祭勳期闔草萊旌飛沙浩浩鼓合雪皚皚大敵全師會孤城力鬬摧兵聲殘白草戰哭聚黃埃韓近秦先舉虞亡晉始恢向傳京觀在惟歎燼餘灰阨塞形空設興衰恨莫裁依稀營畔柳惆悵笛中梅叢棘朝晞露崩沙晚沸雷撫塵心侘傺覽跡思徘徊地遠何人弔程遙我馬隤凄涼懷古意秋角滿長峐秋笳集

又經輝發故城詩雪峯天畔見荒城猶是南庭屬國

名空磧風雲當日盡戰場楊柳至今生祭天祠在悲
高會候月營空想度兵異域君臣興廢裏登臨幾度
客心驚同上
彭啟豐恭和
御製輝發故城詩原韻跨峙岡原氣象雄
龍興大業兆關東背盟適築鯨鯢觀埽蘖
親擐甲冑躬落日城垣留斷梗秋風金鐵想臨戎對揚
神武恢前烈草昧驅除佑
帝衷一盛京通志百二十四
輝發峯城在輝發峯西北周圍四里南北各二門盛

京通志三十一
輝發河城在灝河山坡上四面各二十步門一同上
佛勒和城舊志作佛兒哈城北三十三里周圍三里舊爲佛
索赫貝勒所居門一同上
富勒哈城舊志作福兒哈城北五十里周圍八十步門一同上
太祖癸丑年春正月平烏拉國撫降之國方略四開
薩爾巴禪城舊志作撒兒八哈城北七十里周圍一里門一盛京通志三十一
古城城北八十四里周圍一里門一同上
西蘭城城北八十七里周圍二里西一門盛京舊志謹按

錫蘭河在城東北九十五里城蓋以河得名盛京通志有錫蘭城城北一百一十里周圍二里門一舊志錫蘭作刷烟餘並同而另載此條以河證之里數較通志爲確而刷烟則屬譌舛也

蘇斡延島城舊志作刷烟島城北一百一十里舊志盛京混同江中蘇斡延島上周圍一里門一盛京通志三十一

噶哈城城北一百七十里周圍一里同上

伊蘭茂城舊志作一拉木城東南七里在伊蘭茂山上舊志作一拉木山周圍一里餘東北二門城外東西南三面有郭周圍二里門一同上

古城城西南五十里東西各五十步南北各一百步門一同上

古城城西南二百十五里周四里南北二門址尚存採訪冊

蘇密城城西南三百餘里周六里東西二門內有子城周四里址尚存近城十餘里間四面皆有小古城同上

伊宜一作罕山城城東北三十里在伊罕山上周圍一里門一盛京通志三十一

太祖戊申年三月

命褚英阿敏率兵五千征烏拉伊罕山城克之俘其眾以歸開國方略三

鄂謨城舊志作俄磨城東北三十里周圍二十里門一通志

太祖癸丑年春正月平烏拉國攻克之開國方略四

謹按通志於尼什哈城云即鄂摩城摩謨音相同不應二十里間兩城同名考開國方略癸丑年平烏拉國有鄂謨城而無尼什哈城至部內之金州郭多遜扎塔三城兩志俱闕然與尼什哈鄂謨音又迥別其爲漏載無疑而此城與尼什哈固不當混爲一矣今恭紀戰績於此

哈勒費延城舊志作哈兒邊城東北混同江中哈勒費延島上周圍二里門一盛京通志三十一

古城城東北二百五十里周圍三里址尚存中有石虎二高三尺又一城俗名小城子在城子街南周圍二百步居民耕地往往得銅鐵器物採訪冊

古土城在嘎呀河東南二里許周圍二里高一丈東南各一門今尚存又一土城在雙陽涌東北二里許周圍四百步同上

博爾濟堡城城北八十里周圍百步門一盛京通志三十一

二十家堡城城北一百八十里周圍一里門一同上

阿蘭堡城城東南一百三十里周圍一里同上

多壁城屬輝發部

太祖乙未年夏六月攻克輝發部多壁城開國方略二

托摩和城屬哲陳部

太祖乙酉年夏四月敗其兵開國方略一以上二城基址俱無

可考

伊通州境內古城

歸仁縣城通州安遠軍本夫餘國王城遼史地理志在咸平府北舊安州金皇統三年改為縣後廢城址猶存滿洲源流考引元一統志

克爾素城開國方略克作赫爾一作哷城西北一百三十里原註吉林城西三百七十里周圍一里

太祖癸丑年秋九月征葉赫部攻克之開國方略四謹按通志此條云太祖壬子年征烏拉部築木城於此今設汎焉考開國方略壬子年征烏拉還兵至烏拉河邊伊瑪呼山岡以木為城留兵千人守之癸丑年征葉赫所屬璋城吉當阿城雅哈城赫爾蘇城和敦

城喀布齊賚城鄂吉岱城及屯寨八十九處盡焚其
廬舍糧儲收烏蘇降衆而還實錄所載略同
是此城之非有二而屬於葉赫明矣不知
何以致誤今依開國方略改輯

雅哈城城西北七十里原註吉林城西三百十里周圍一百二十
步屬葉赫部與克爾蘇城同時攻克開國方略四

吉一作哈當阿城屬葉赫部

和一作喀敦城屬葉赫部

喀布齊賚城屬葉赫部

額一作鄂吉岱城屬葉赫部以上四城並見開國方略四故址今
皆無考

葉赫城城南二百二十五里原註吉林城西四百九十五里周圍四

里東南二門夜黑城在北山之隈軏𡙇城根亦有子城尚餘臺殿故址扈從東巡日錄此即葉赫所居之東城葉赫山城爲西城與白石山半截塔山納爾琿山俱相近呼蘭峯在城東北科齊克山在城北蒙古谷在城西四十里老城在驛路旁新城亦可望見俱無人迹柳邊紀略

太祖天命四年八月征葉赫國破其東城西城開門降遂滅之國方略六開

葉赫山城在葉赫城西北三里周圍四里南北二門

明時於其地置北關互市盛京通志三十一

葉赫珊延府城舊志珊延作商堅與葉赫城相距里許周圍一百六十步門一相傳皆葉赫所築同上

古城城西南三十五里在大孤山東營城子屯周圍一里又一城城西南二百五十里在前城子屯周圍一里冊報

索勒和城舊志作索兒賀城西南二百十餘里原註吉林城西五百五十里周圍八十步門一同上

烏蘇城原註吉林城南七百里今未詳周圍二里門濠莫考城南曰烏爾古辰路訥殷路北即古蘇完地盛京通志三十一

太祖癸丑年秋九月征葉赫部收烏蘇城降衆三百戸而還

開
國方略四

佛多和城原註吉林城南八百四十里今未詳周圍一里

太祖癸巳年勦訥殷部長於此盛京通志三十一

庫斡蘭山城原註吉林城西南四百餘里今未詳其地有庫斡蘭山山上有城周圍五十餘步西一門盛京通志二十七

璋一作張城屬葉赫部與阿奇蘭城皆

太祖甲辰年攻取滿洲源流考八

阿奇蘭城屬葉赫部同上

肯特伊城一作克伊特屬葉赫部

太祖天命四年攻取同上以上三城基址今皆無考

## 敦化縣境內古城

俄朵里城一作鄂多哩八旗通志作阿克敦城東南三里許牡丹江北岸周圍約四里尚存土基册報長白山東南俄漠惠原註地名俄朵里城原註城名三姓人共奉布庫里雍順爲主定號滿洲南朝誤名建州盛京輿圖一我朝發祥長白自遠祖定三姓之亂居俄漠惠之野鄂多理城在今甯古塔西南三百餘里

國號曰滿洲是爲開基之始皇朝通考二百七十一

鄂多理城考鄂多理城爲

天家發祥初基在今吉林東南境

盛京舊志吉林外紀皆不之載訪諸父老或僅知其名而無能確指其地者癸未歸自朝鮮渡土門江後水複山重地皆在吉林東南長白山之東途經大小廢城不一間遇土人詢其名或知或否亦無所謂鄂多理城者既而北越哈爾巴嶺西渡牡丹江未三里敦化縣治在焉瀕江別一古城問名曰敖東亦曰阿克敦皆招墾新戶無可咨訪然江西故址惟此一城而已光罍從事幕府始獲讀故府藏書謹稽

欽定盛京通志內

京城志引

發祥世紀略云

始祖居長白山東鄂謨輝之野鄂多理城在

興京東一千五百里甯古塔城西南三百三十里勒富

善河西岸

肇祖始居赫圖阿拉

太祖遷居呼蘭哈達天命元年以

興京爲都城又山川志引

實錄略云長白山之東有布庫哩山其下有池曰布庫瑚哩

相傳有三天女浴於池神鵲銜朱果季女含口入腹

尋產一男及長因錫之姓爲愛新覺羅名曰布庫哩

雍順與小舠乘之毋遂淩空去舠至河步登岸其地有三姓爭爲雄長因詰所由來衆曰此天生聖人也推爲國主奉爲貝勒遂居長白山東鄂多哩城國號滿洲與

開國方略滿洲源流考所載文有詳略而事之次第並同又瑚爾哈河註略云上流勒富善河會畢爾騰湖流經會甯北繞甯古塔城南北入混同江按此即今之牡丹江也會典通志疆域各圖限於篇幅皆略焉不詳庫藏吉林全圖山川半非舊名因復發篋存王文勤公慶雲影橅康熙朝

内府輿地全圖有勒夫城河額多力城諸名在互相校
覈然後知今圖註曰牡丹江源者即勒夫城河註曰
阿克敦者即額多力城名雖異而圖之部位皆同揆
其相距
興京及寗古塔道里遠近與志無不合寗古塔南敦化
縣北之故會寗城及額穆赫索羅爲驛路所必經始
恍然今之額穆赫索羅鄂摩和站皆鄂謨輝也今之
牡丹江自湖以下爲瑚爾哈河湖以上即勒富善河
通志本無所謂牡丹江也然則鄂多理額多力敖東
阿克敦皆音轉字通實一城耳唯舊志外紀諸書謂

陋紛歧不足徵考尊藏典册又非閭里所易窺見即

通志於

興京

東京皆附載

京城志而鄂多理城赫圖阿拉呼蘭哈達並皆附見其

後不復分載於各城夏以發祥初基不得與郡縣城

池並列志例如此而人遂莫之深考竊維赫圖阿拉

呼蘭哈達皆去

興京不遠舊蹟具在盡人所知至布庫哩山布庫瑚哩

池擬之姜嫄履武原不必强索巷林寒冰之蹟以實

之而自土沮漆遺蹟顯然烏可輾轉沿譌疑誤後世

按古城去縣治二里而近海內郡縣於例祀

釐有宮祀土穀有壇崇德報功有祠宇縣爲初設儀制闕如儻即其地分建之勒石爲記環數里永禁樵牧非有司之責與（彭光譽撰）

## 長春境內古城

達嚕克城（舊作達魯古今改　通鑑輯覽八十）金太祖克甯江州降移嬓（即今伊通）益海（即今伊罕山）路大鑾照撒等敗遼兵於婆剌踶山趨達嚕克城進攻黃龍府遂克顯州一（金史）

他虎城當陀喇河入嫩江之處周八里有奇門四蒙

古游牧記謂建置無考考遼史上京有他魯河金史長春縣有達嚕克河遼聖宗四年春正月如鴨子河二月巳未獵撻魯河詔改鴨子河曰混同江撻魯河曰長春河金史收國元年正月太祖自將親攻黃龍府進臨益州州人走保黃龍留羅索尼楚赫守黃龍上自率兵趨達嚕克城拔陀喇河即他魯河亦即達嚕克河他虎城即達嚕克城亦即遼之長春州韶陽軍治金復置之泰州昌德軍長春縣治所在也曹廷杰東三省圖說

農安境內古城

龍安城龍一作隆又作農在一禿河西金山東全遼志城周七里門四址尚存旁有塔亦名農安冊說郭爾羅斯前旗東南二百里有龍安城蒙古游牧記今吉林西北二百八十里有農安城在伊通河西二里城基與冊說合西門外半里有農安塔東三省圖說

哈拉海城在城北建置無考哈拉海野菜名蒙古語也冊報

雙城境內古城

來流城金太祖十月朔克甯江州次來流城金太祖紀來流河去混同江百十里來流城即在甯江州西松漠紀聞

古城城南二百里有土圍二南城周三里北城周里許俗呼雙城子册報

甯古塔境内古城

古肅慎城方五里在渤海東三十里遺堞尚在以石累城脚一作大契丹國志二十六松漠紀聞安東都護府故漢襄平城也自都護府東北經故蓋牟新城又經渤海長嶺府千五百里至渤海王城城臨忽汗海其西南三十里有古肅慎城其北經德里鎮至南黑水靺鞨千里新唐書四十三下

古城城西二十五里周圍二里餘東西二門俗名西

古城盛京通志三十一

穆當阿城穆一作木城西三十里周圍一里半南北二門同上

沙蘭城城西八十里同上在沙蘭河南岸同上

舊覺羅城城南邊牆內南北各二十步東西各三十步同上

噶新哈城新一作恩城南三十里周圍一里門一同上

薩爾瑚城舊志作撒兒虎城北四十五里海蘭河南岸周圍一百步門一同上

朱爾格依城城東南三百六十里哈希山南面門濠

莫考同上

英愛城愛一作莪城東南五百八十里周圍一里東南二門盛京通志三十一有英愛河流入土門江同上二十七

古城城東南五百八十五里費雅舊志作飛腰城北周圍五里南四門西三門東北各二門內有子城周一里南三門東西各一門同上三十一按以下三城今皆入俄界以古蹟所關附錄之

富爾丹城一作福兒單城東南六百五十里周圍三里門四其東北又一小城周一里南西北三門俗亦稱富爾丹城同上近富爾丹河同上二十七

富勒堅一作福兒加城城東南六百七十里周圍七十步

門一同上三十一

佛訥赫城城西南五十餘里

太祖丁未年遣巴雅喇等征取之同上訥訥赫城疑即今佛訥赫城在甯古塔城南正與瑚爾哈河上流相近舊譌暖暖河今并譯改同上一百三

火茸城俗名古大城舊志作舊東京城城西南六十里瑚爾哈河南岸周圍三十里四面七門內城周五里東西南各一門同上三十一宮殿舊址猶存金爲呼爾哈路亦統於上京滿洲源流考八沙林東南十五里曰火茸城廣四十餘里中間禁城可里餘三殿基址皆在碎碧瓦棊

布其上禁城外有大石佛高可三丈許蓮花承之前有石塔向東小欿出大城而西則芰荷彌渚透迤綿渺莫窮其際渚間有亭榭遺迹自沙林而東八十里爲甯古塔扈從東巡日錄

張賁東京記甯公臺西南六十里曰沙嶺嶺東十餘里有古城焉土人相傳曰東京蓋金祖故都也道中遠望其上常有雲氣變幻如樓臺宮闕狀稍近之鬱鬱葱葱又如烟井廬舍萬家屯聚即而視之無有也故城甃石爲基土墉高丈許無復雉堞頹然短垣也闉可三十里城門石路車轍宛然南門內故址似宮

殿三重前一重規模宏敞礎方廣三尺餘計一十有六後二重無存焉殿南向正中無馳道東西二闕門階墀陛城層級可辨前列五臺今高二丈許似京師鳳闕遺制後别有小城似宫禁左右石井二白石甃砌八角形明堂以外九陌三衢依稀可識旁石壘如部落軍伍所舍或官署環列如拱故内今宫室無存敗瓦亂磧在榛莽中時有丹碧琉璃錯出間雜存漢字款識土人取以爲玩掘地得斷碑有下瞰臺城儒生盛於東觀十字皆漢文字畫莊楷蓋國學碑也想像當時建國荒漠重學崇儒如是城外大河繞城而

東有圯橋亂石橫亙水中城南有古寺鏤石爲大佛高丈有六尺風雨侵蝕苔蘚斑然而法相莊嚴鏤鑿工巧今墮其首好事者裝而復之前有石浮屠八角形郭外平曠數十里其西七八里許有石磧數區各周環三四里似屯兵芻牧之所旁有古墓石方丈者數版掘地得石獸白如玉西南十餘里有長溪芰荷菱芡產焉夏秋之交芙蕖紅敷數十里燦若雲錦翠鳥野鳧迴翔上下土人盪小舟採蓮浮游如畫緣溪而上三四十里瀑布土人日水海水聲砰訇聞數里不知源所自出也余考金史云以遼陽爲東京又云

五國城去遼東北千里爲黃龍府甯江州諸處金祖所發迹故址無存焉此地或言朝鮮故都或言金元分封處無有辨者而土人指爲東京大率金祖起家在焉因表爲京其以遼陽爲東京之説誤也今其地往往獲古錢皆徽欽間製其爲金人故跡無疑也蓋松花江以東風土形勝之美莫若東京云金史詳校三引

克音城舊志作刻印城東北五十餘里瑚爾哈河北岸海闌河南岸周圍三里餘門一盛京通志三十一

大河城有安巴畢喇城舊志作昂邦必拉城東北三百五十里瑚爾哈河北岸周圍六里門四同上

古城城東北六百里混同江南岸周圍三里東西二門同上

朱爾格依城城東北六百二十里又一相距二十里在能圖河北岸門濠莫考一統輿圖

甯古塔舊城城西北五十里海闌河南有石城高一丈餘周圍一里東西各一門城外邊牆周圍五里餘四面四門昂邦章京吳海監造盛京舊志

舊城在覺羅城北五十二里康熙五年移於覺羅城西南新城建舊城遂廢人呼爲舊街上柳邊紀略

哈圖城舊志作布兒哈圖又作罕圖城西北五十里海闌河南周

圍二里東西二門盛京通志三十一

布爾哈圖城舊志作布兒哈圖西古城城西北五十二里周圍一里東西二門同上

舊薩爾滸城城西北八十里同上

太祖癸未年秋八月誅薩爾滸城諾密納鼐喀達開國方略一

覺羅堡城城東三里瑚爾哈河北岸周圍五十八步門一又有一城東北四里瑚爾哈河北岸周圍五十六步門一盛京通志三十一

都林谷堡城城西二百十里瀕都林谷河周圍六十步門一同上

海蘭河屯城城西北六十里海蘭河北岸周圍三里門四同上

伯都訥境內古城

舊伯都訥城城東二十五里周圍里許已圮同上

唐王河古城城南三里唐王河側同上

古城城東南四里阿勒楚喀河西岸周圍四里內有子城門濠莫考相傳即金時肇州城遺址同上城周二十里內子城周四里南距吉林城三百四十里東去會甯府六百里與金時道里相合疑即肇州城遺址同上一百三

隆科城城東一百餘里俗稱龍虎城同治五年報明開墾地畝部改爲隆科城係金太祖誓師處尚有碑記在土中圖說文別見金石志

三姓境內古城

五國城係五國部博和哩國博諾國鄂羅穆國伊埒圖國伊勒希國遼史營衛部族志大金國志云天會八年宋二帝自韓州如五國頭城扈從日錄云自甯古塔東行六百里曰羌突里噶尚松花黑龍二江於此合流有大土阜或云五國城柳邊紀略云五國城或謂在三萬衛北一千里自此而東分爲五或謂在羌突里

噶尚或謂在朝鮮北境或謂去燕京三千八百餘里西至黃龍府二千一百里或云當古塔相近槍頭街有舊城址五疑即是予謂徽欽自徙鶻里改路之後未聞再徙則五國城自在鶻里改路境內鶻里改者即虎兒哈胡里改之變書也槍頭街之說庶幾近之

盛京舊志云三姓地方有五國城遺址今按五國之說不一率皆影響之談毫無實據閲遼史營衞部族志五國自當分居五地必非一處可知今自三姓至烏蘇里江口松花江兩岸共有城基九處一三姓附郭舊城一三姓下八十餘里北岸吞河固木訥城一三

姓下三百五十餘里南岸瓦里和屯卽通志斡里城一斡里城下四十餘里南岸希爾哈城一希爾哈城下約百里北岸有大古城一希爾哈城下百六十里南岸富克錦地方有大古城一富克錦下約百里南岸圖斯科地方有大古城一圖斯科下一百八十餘里南岸額圖地方有古城一額圖下約五十餘里南岸青得林卽喜魯林地方有古城基考遼史五國於聖宗時來附命居本土以鎭東北境屬黃龍府都部署司契丹國志女眞東北與五國爲鄰五國之東接大海出名鷹元一統志開元路三京故國五國舊城

東北一都會也又云混同江發源長白山北流經渤海建州西五十里會諸水東北流經上京下達五國頭城又東北注於海明一統志五國頭城在三萬衞北一千里自此而東分爲五國舊傳宋徽宗葬於此合諸書觀之是五國故址不外三姓下九城又按宋史建炎二年金徙二帝於韓州去燕京一千五百里四年金將立劉豫乃徙二帝於五國城去上京東北千里韓州爲今八面城去燕京實一千五百里上京爲今白城東北至三姓五百五十餘里由三姓東北四百餘里至希爾哈城云去上京東北千里似即徙

於希爾哈城然則今三姓當爲五國頭城自此而東乃四國分據也東三省圖說

舊城城北五里餘周圍十餘里俗曰舊城册報

古城城西一百二十五里舊志作一百五十里瑚爾哈河西岸又有二一在城南六十里瑚爾哈河東岸按册報云城西南七十里瑚爾哈河東岸有古城周圍五里餘方輿道里俱相似疑卽是此一城一在城北二里俗皆稱古城盛京通志三十一按此三城一統輿圖皆作朱爾格依又有二一在城東北三百七十餘里松花江南岸周圍四里餘一在城東北九百四十餘里奇訥林地方周圍五里餘册報

和敦城城東北一里盛京通志三十一按原註誤屬葉赫部今不取

公木訥城城東北一百二十餘里松花江北岸周圍五里地名公木訥俗因曰公木訥城册報

瓦里城通志作斡里舊志作瓦利城東北三百二十餘里松花江南岸周圍九里同上周圍三里西南各一門按兩志俱係於甯古塔境云或傳聞之異也今依册報改輯

希爾哈城城東北三百三十餘里周圍八里餘地名希爾哈俗因曰希爾哈城同上

對面城城東北五百六十餘里松花江南岸有古城基二周圍各四五里俗曰對面城同上

集達特噶城與黑河口相近門濠莫考一統輿圖

海邊古城原註在甯古塔城東北三千餘里在混同江東南入海處城外有元時石碑地遠莫考其詳盛京通志三十一碑文別見金石志

阿勒楚喀境內古城

蔘晦城故址無考太祖進軍甯江州次蔘晦城金史本紀

二城在故會甯府城西北相距數里方輿紀要

翁鄂洛城亦名白城城南四里內有子城周圍里許尙餘宮殿舊址俗稱爲古城盛京通志三十一拉林阿勒楚喀之間則金上京城在焉今尙有古城及子城宮殿遺址

滿洲源流考八上京會甯府據金史及松漠紀聞北盟會編奉使行程錄所載道里考之即今阿勒楚喀城南四里白城故址白城西面南面各十里東北隅縮進五里作半凸字形中復有横城一道横城南有子城方約二里南面二土阜對峙各高二丈餘周二十餘丈由阜間北行有高阜七層各高四五丈長均二十餘丈即宮殿基也兩傍均有高阜南北直向即圍廊基也外又各有横亙高阜數層皆在子城內又金史獻祖徙居海古勒水始有棟宇之制遂定居阿勒楚喀之側今城東北二十餘里有海古水即海古勒也俗

呼大海溝小海溝合流入阿勒楚喀河地理志上京路即海古勒之地即此可知矣東三省圖說

太祖甲申年秋九月攻克棟鄂部翁鄂洛城開國方略一

琿春境內古城

扎庫塔城城西一百二十里周圍一里通志辛亥年冬

太祖遣額亦都何和哩扈爾漢率兵二千往征扎庫塔城諭降勿從圍三日攻克之開國方略三

沙齊城城南二十五里周圍一里餘門一盛京通志三十一

費優城舊志作飛腰城北二十里周圍三里西南各二門東北各一門

太祖丁未年收撫瓦爾喀部於此同上

達都城城東南七十里周圍一里同上

愛丹城城西北二十五里周圍一里同上

富達錫琿河城在琿春三字新增元注在吉林城東南一千一百八十里有河河東北有古城近鈕旺堅舍里同上二十七

烏拉境內古城

烏拉城一作吳喇吉林城北七十里混同江之東舊爲布占泰貝勒所居同上三十一城周十五里四門內有小城周二里東西各一門中有土臺臨江江邊有龐日保甯柳邊紀略金史本紀云太祖進軍甯江州十月朔克其

城次來流城來流即今拉林河按遼金二史金太祖起兵先攻甯江州遼守將蕭烏納戰敗棄城渡混同江而西是州在江以東矣高士奇扈從錄云大烏喇去船廠八十餘里即遼之甯江州也（同上一百三）古甯江州應在今額赫茂（原作厄黑木）站扈從日錄指爲大吳喇者非是松漠紀聞來流河去混同江百十里來流城即在甯江州西金太祖紀十月朔克甯江州城次來流城可證今之混同江東百十里者正額赫茂站大吳喇在混同江邊（柳邊紀略）

太祖癸丑年春正月平烏拉國　開國方略四

金州城屬烏拉國在布占泰貝勒所居大城河岸之西距城西門二里許（開國方略四）爲武勳王揚古利攻克今吉林城北猶有金州山金州站（滿洲源流考入）

遜扎泰城（泰一作塔）屬烏拉國癸丑年攻克（同上）今故址無考

郭多城屬烏拉國與遜扎泰城同時攻克（同上）故址無考

古土城凡三一在城東四十里樺樹嘴子東周圍二百四十步一在城東五十里楊木林地方周圍一百六十步一在土城子地方亦城東五十里周圍三里

餘 採訪冊

富克錦境內古城

古土城凡五一在城西南十一里松花江南岸周圍五里餘一在城西南一百六十一里北靠江岸一在城西南三百三十里一在城東五里周圍一里餘一在城東一百二十五里圖斯克屯西十五里周圍五六里又城西南二百十里沿江有山上有土圍一門濠俱無可考同上

謹案吉林自遼金以來暨明季諸部落建築城堡星羅棊布洎朝市既改蕩爲邱墟凡諸紀載所見

乾隆時修輯

盛京通志已有不能確指其地而因之闕佚者今又百數十年荒榛灌莽之內訪諸野老概曰古城其與前志所遺同異均難臆斷姑並登錄以俟後之覽者有考焉

吉林通志卷二十五

輿地志十三 廨署

吉林將軍署在上儀街北康熙十五年建大堂五楹揩檔作七楹後爲穿堂恭懸
高宗御書天江鎖鑰扁額又後爲漢科房暨承辦處牆東有角門門內爲印務處檔房堂之東西室爲軍器庫銀庫前月臺廣二丈二尺袤五丈九尺臺下爲甬道左兵司刑司右戶司工司前儀門門東土地祠一楹及糧餉處前鋒營房鳥槍營房西爲水師營房虎槍營房番役聽差房外大門三楹八旗聽事房共十六楹

署西北隅獄神祠一間獄官房三間大獄行獄房共二十間板牆繚之照壁一座乾隆七年二十年二十二年迭次修葺五十七年火災圍牆改用甎石重修檔案圖册道光十年重修穿堂十五年重修大堂暨月臺十七十九等年修儀門照壁光緒八年將軍銘安並加葺治摺檔

將軍府在上儀街南前臨松花江岸土人相傳云康熙年間

東巡建爲

行宮後

賜爲將軍府莫知其詳也乾隆十八年重修十九年八月甲寅
上駐蹕吉林以將軍署爲
行殿至丙辰皆如之九朝東華錄十三　謹按府中有太和宮疑所謂署者即屬府第吉林外紀亦稱府曰署　盛京通志有公署而無府誌內即載　駐蹕事當是誤合爲一耳三十年火災三十五年重建屋末具以後繕葺無考光緒十六年悉燬於火將軍長順重建大堂五楹後一室曰
太和宮五楹東西並有翼室爲恭奉
神御之所避不敢居又後屋七楹以居幕賓翼室共六楹堂

左右爲文武巡捕廳堂下東偏爲官廳西書記室前儀門門左右房爲督辦文案處又前大門榜曰將軍府東爲邊防營再東爲吉勝營西爲發審局辦案處由大門折而西即發審局員聽事之所稍後有官廳三楹其西偏爲六科房界以板垣内爲花廳七楹北向南爲客廳五楹介其間西向之室三楹内室五楹在客廳後東西廂各三楹府東南隅有大土阜並廟三楹合祀羣神之所馬廄車棚庖廚吏房之屬畢具東西轅門各一障以照壁門東偏舊有瞰江樓數楹頗擅登眺之勝壁上題詠殆徧今未修復圖册檔案合輯

謹案東三省定制將軍衙門略如京都爲堂屬治事公所事畢各散故將軍及各城副都統各有署有府惟吉林副都統無專署其所居府卽署也拜發本揩則率各司文武屬員齊集於將軍衙門云今將軍府乾隆甲戌丙辰

高宗兩次東巡皆

駐蹕於此故堂後正室猶避不敢居然百餘年來屢燬於火蓋久非其舊矣

御製駐蹕吉林將軍署復得詩三首原韻䜌腰雨過抹煙輕

劉綸恭和

江面風來皺縠生

蹕路牙旗初遡曉

和門畫鼓已知晴爨筒比戶覘遺俗梯板通衢效眾情

開代發祥多勝蹟山川擁衞盡輸誠　宋瓦金源溯舊流

龍興締造鞏

皇州鳴鑣聲度紅橋外列戟光分碧嶂頭箕畢星文垂

太野關河灝氣發深秋橫汾那足傳遺範攬勝應教

倚枕樓　鈴轅聽放

紫宸衙

茂典先閭道路誇問省

璧闈時正永瞻依
松棟制甯奢
陛陳七德觀
型遠
筵逮頭行報禮嘉
肇域信符仁壽卜雲根有草挺三椏　盛京通志一百二十三
汪由敦前題詩三首萬家山郭霽煙輕朝爽凉颸習
習生地以鍾英開勝境天因留
蹕快新晴迎
鑾近效懽呼意與宅遐思

睿顧情
天作高山應望秩清齋先日致虔誠　澄江如練帶清流載
亳當年第一州節帥戟轅開畫裏水虞瀕艇聚沙頭
千門燈火通深夜原註衔市居人門外懸燈率至竟夜萬樹丹黄絢素
秋衢術自來皆藉板爱聽履響似登樓
神堯過沛駐新衙八十年來更可誇繁息閭閻樂休養流遺
風俗異浮脊銀鱗出網均分
賜寶硯鐫銘拜舊嘉原註松花石硯材最佳曾蒙恩賜信是物華多異產
豐貂珠蚌草三椏上同
吉林分巡道署在會城東隅通天街光緒九年分巡

道顧肇熙刱建中南向爲大堂堂之右爲庫今改爲佐貳官廳左爲官廳巡道訥欽撰官箴勒石陷之壁並參眞文忠詩刻木爲楹聯詞曰此邦猶有郊風古我輩當爲漢吏循其外爲露臺下屬甬道東西列吏戶禮兵刑工科房前爲儀門門外西偏爲皁役房東偏快役房再東爲廒又前爲大門榜曰吉林分巡道直大門爲照壁左右爲東西轅門大堂內二堂三楹額曰敬簡堂編修楊文瑩書並跋壁間有顧肇熙題名記左右翼室各三楹堂之下有門東出而北廚房三楹倉房六楹圍以板垣皆西向其南有樓三楹亦西向樓

上東向之門額曰迎暉西鳥之門額曰挹爽聯曰白雲忽去山在戶紅日乍晴人倚欄明卓敬詩也樓之西科神祠一楹南向以土神馬神合祀堂之下西出重門二廳事五楹南向爲晉接賓僚之所額曰甓留軒訥欽揭何紹基書以名之者也其南屋五楹北向南北之間有屋三楹東向重門之間北行而西有室前後各五楹皆南向直甓留軒後甓留軒之西西出之門一外爲蔬圃方廣數十畝圍以板垣圃東北板屋一間爲箭廳春秋習射於此二堂之後爲宅門門內南向室七楹東西廂房各三楹周回磚牆繚之圖冊

顧肇熙敬簡堂題名記官廨之有題名石自唐以來尚已此豈僅鐫其爵里姓氏俾毋泯沒哉亦欲後之人以時考其政之失得而知其官之賢否葢勸懲之義實寓焉

國家龍興茲土入關定鼎凡守土之官多仍明代之舊吉林亦嘗設州縣矣未幾改罷爲理事同知通判迨光緒七八年間始次第設地方官比諸行省府一曰吉林廳五曰伯都訥曰賓州曰五常曰長春曰雙城州一曰伊通縣一曰敦化而以分巡道轄之肇熙適承乏首爲此官職在考察羣吏政教之宜民與否課

其殿最以告於鎮守將軍而進退之地方千數百里民風土俗不齊府廳州縣之官寬猛張弛或異其用苟非因地因人隨時隨事以審其宜則是非毁譽易致殽亂立一法本爲興利也而斯民或承其弊後之人追議其失必曰自某某始詎非官斯土者之羞乎夫今之巡道猶唐之觀察使也唐時每患觀察使賦稅苛急使刺史縣令不得其職不安其官今吉林以郃邠舊封賦稅輕於各行省數倍十數倍不等有司無苛急之患而澤猶不逮於民無乃察吏之法有未至歟然如吕叔簡氏所謂中怯外柔者固肇熙所懸

爲大戒者也耳目或有所未周思慮或有所未及要不敢不推誠心布公道疏節闊目俾有司得優游敷布撫循斯民以仰副
聖天子建官圖治之意斯則肇熙之迂疏後之君子宜有曲原之者識之於石亦時以自勉焉爾
訥欽塹留軒跋曰右三字何子貞編修所書也余以辛卯四月承乏吉林始入居此署功令三年任滿送
部引
見請
旨升調不回本任然則余之處此亦塹也顧虞書以三載

考績周官三年大計羣吏之治而賈琮爲交州刺史在事三年爲十三州最雖暫也亦豈不足以修舉廢墜興起教化也哉夫君子之用心無所苟而已矣假令玩歲愒日如趙孟之視蔭雖久猶暫也如叔孫昭子所居雖一日必葺其牆屋去如始至雖暫亦久也陸幼節與諸葛恪换屯臨去更皆繕完恪入屯儼然若新張伯恭爲㕘降都督臨當代繞攝不懈馬忠因其成基遂平南土彼其臨代之際惓惓如此豈肯於莅官之始而傳舍視之者乎編修書此或寓達觀之意余喜其與三年一代者之適相合而用意有不同

者故揭之而識其後以自勉冀不見棄於君子云爾
又屬官廳事官箴並序曰古循良吏教化爲先馬班
所紀有以丞相而儕於守令者從所重也晉宋而後
唯取一節之善持廉而能聽訟者皆入於此故循良
之選難於古而易於今方之饑渴飲食吉林尤易之
易者也余以中材觀察兹土所以與同人相勸勉者
亦唯先從事於易而徐及乎古之所難爰製是箴以
述己志昔楊子雲十二州箴崔亭伯摯仲治之官箴
皆以規人無與於己故陳義甚高而自治之道闕焉
愚以爲若涉大水茫無津涯有同舟之誼者其誰不

念用是斮吾儕交勉而先以自警云其箴曰建官位
事所以乂民民安其政是曰能仁刱是舊邦豳岐之
宇王迹肇基風氣猶古爲政何先惟廉惟勤豈余覽
言曾公之云廉則人服勤無廢事不廢而服其何不
濟柳子有言官爲民役受其值而怠其事愧愿斯積
張湯私吏梗陽醫獄脅其財而臨其上有靦面目天
雞唱曉日生於東朝氣一振清明在躬物來順應無
欲則公公實生明衡平鑒空曰廢一事數日則夥夫
幾如是而不叢脞漏脯充饑鴆酒止渴豈不暫飽陷
文不活吏道多端茲焉首基順是以往知至至之身

教者從言教者訟本余心之所勉以爲矇誦

吉林府知府署在城内西北隅故永吉州治所雍正六年建舊志　盛京乾隆十二年改曰吉林廳光緒八年將軍銘安奏升府治並重修册報中爲大堂次爲廳事又次爲内室堂後有東西廂其傍各有小門一出西小門爲二堂四楹額曰職思其居聯曰寬猛皆偏持正但循三尺法郊原何遠此間能釀萬家春皆署知府謝汝欽所撰也後有室亦四楹板垣圍之二堂西有小門門外搆板閣數楹其下鑿小池老樹十餘株周遭環列又西南數十武書室凡九楹循大堂後東

出之門爲廚房爲廏最東爲馬神廟堂之左右設六科房前儀門又前大門直大門爲照牆東西轅門各一循儀門而東爲土地祠三楹祠後有屋十餘楹前有翼室二儀門之西南隅監獄一所圖冊

府經歷署在府治東故爲吏目署雍正六年建盛京舊志嗣改升巡檢光緒八年改升府經歷重加修葺大堂三楹東爲班房迤南有廏西爲科房二堂三楹東西俱有翼室內室三楹二門大門並如制圖冊

伊通州知州署在城西北隅光緒九年建大堂三楹堂東西爲六科房二堂五楹廂房共六楹西院書室

三楹其北廳事五楹東院爲廒爲庖廚過二堂爲宅門最後內室五楹外爲大門榜曰伊通州左右翼室各三楹直大門爲照牆西即吏目署圖册

吏目署在州治西舊爲分防巡檢署同治四年燬於寇七年巡檢丁金源重修摺檔光緒七年改建十五年吏目姚景星重修署外東偏監獄一所圖說

磨盤山分防州同署在州城迤南百六十里磨盤山光緒八年設巡檢治之十六年改升州同並建官廨册報

敦化縣知縣署在城東門內大街路北光緒六年建

治廨舍都七十餘楹冊報

巡檢管典史事署在縣治西光緒六年建監獄在署前捕盜營在獄西圖冊

武衙門基在城南門内官職建廢無考上同

長春府知府署在城中故通判治所嘉慶五年於長春堡建署道光五年移治寬城光緒十五年改升府並加修葺大堂三楹兩廊各五楹爲六科房二堂三楹内室五楹前後並有翼室西院廳事三楹前五楹爲書室東院爲馬廄二門大門各三楹照壁南向監獄一所在大門西偏道光五年建光緒十二年重修

冊報

府經歷署在府治西故以居巡檢道光五年建光緒十五年改升府經歷因增葺之大堂三楹東廂爲科房西廂爲弓兵班房二堂內宅俱五楹東西廂各三楹二門大門照壁咸具同上

靠山屯分防照磨署

朱家城照磨署未建

農安縣知縣署在城內西北隅光緒十六年知縣黎尹融營建大堂五楹東西設科房六二門大門各三楹二堂五楹額曰具瞻堂黎尹融書翼室共六楹內

室五楹西廂三楹二堂之東爲廳事其南有庖廚有廄又南爲衙神祠迤西爲書室三楹廂房三楹又西南爲獄獄之後爲捕盜營册報

巡檢署在縣治西舊爲分防照磨署光緒十六年改設重建廨舍凡二十餘楹同上

伯都訥廳撫民同知署舊在新城光緒六年移建孤榆樹屯西門内大堂三楹兩廊設科房六二堂五楹東西廂各三楹後爲三堂又後爲内室儀門一楹門左右班房共六楹東南隅有土地祠大門照牆如制循二堂之西有門門内爲廳事前卽監獄册報

巡檢署在廳治西大堂三楹二堂內室俱三楹科房一楹二門大門各一楹同上

分防巡檢署在新城西門內嘉慶十五年建大堂三楹內室三楹科房三楹二門大門各一楹圖冊

賓州廳撫民同知署光緒六年建中爲大堂次二堂東西廂各三楹次內室廂房亦如之大堂下屬甬道東廊爲皁班房暨吏戶禮科房西爲徵租處暨兵刑工科房前儀門門西北爲巡司大門東院書室七楹東廂爲庖廚迤北爲衙神祠西院房五楹捕盜營房三楹俱南向外委房五楹東向前監獄又前即巡檢

署大門照牆如制報册

巡檢署光緒六年建在廳治西院内室五楹東西並有翼室大堂三楹東廂爲科房又東爲書室西廂爲班房大門在廳治儀門外圖册

分防巡檢署在瑪珽河亦曰燒鍋甸子光緒六年建五常廳撫民同知署在城内西北隅光緒六年建大堂三楹二堂如之三堂五楹過三堂爲宅門直其後内室五楹翼室共六楹分東西向大堂後東爲門丁房西爲火藥庫堂左右設科房六前儀門門東南隅爲衙神樓又折而東爲捕盜營房外委住宅大門三

十二

楹榜曰五常廳照牆南向廒庫庖廚之所畢具報冊

巡檢管司獄事署在廳治內迤西大堂三楹後有內室傍有客廳有庖廚外有科房及班房監獄十間女監五間在儀門外同上

山河屯經歷署在城南五十里山河屯街光緒十二年建同上

蘭彩橋巡檢署在城東九十里蘭彩橋街東北光緒八年建同上

雙城廳撫民通判署與協領同城在城南門內故八旗總管署後廢光緒七年通判陳治改建大堂三楹

堂後有銀庫二二堂五楹內室如之東西並有翼室循二堂之東有角門一門外爲廳事爲幕賓室廂房六楹分東西向又其南爲廚房爲廄西院爲捕盗營房其出入之門署後北向大堂下屬甬道左右分設六科房前儀門又前大門東偏有衙神祠一楹障以影壁冊報

巡檢署在廳治西大門一楹大堂三楹內室三楹前後廂房都十二楹署前監獄一所同上

分防巡檢署在拉林河城東同上

吉林副都統府按各城副都統俱有署有府吉林副都統獨無專署其所居曰府者建之

於官實私第也　盛京通志吉林外紀皆稱曰署今依檔案訂正　雍正六年建在糧米行南前臨松花江岸外紀大堂五楹内室五楹東西廂房各三楹堂之前樓四楹又前大門東西門房各二楹直内室之西書室三楹其前亦有門樓東南隅從屋爲馬廄東西轅門各一照壁一座周回繚以板牆乾隆二十四年三十五年重修五十六年火災圍牆改用磚石重修檔案圖册合輯以後繕葺未詳

演武廳五間在北門外教場外紀康熙四十九年旗兵營建乾隆十七年添建堆房二間三十四年添建十旗聽差房十間五十二年添建捲棚三間操槍亭三

間檔案

火藥局三間雍正十三年建在城北三里八旗通志營建志二

乾隆四十四年添建火藥房六間光緒十三年將軍

希元添建火藥庫二間檔案

八旗弓匠房十六間在河南街路南外紀旗兵營建檔案

八旗鐵匠房十七間在西門内路北外紀旗兵營建光

緒十三年改爲寶吉錢局檔案

街道廳左翼堆撥房五間右翼堆撥房五間大門一

間光緒十六年火災十八年重建摺檔

督捕司神堂三間番役房十間大門一間光緒十六

年火災十八年重建同上

八旗堆撥房共二十五間鑲黃旗五間鑲藍旗二間餘各三間乾隆四十二年修葺裁去鑲黃旗房二間同上

十旗官房共二百零八間外紀

菓子樓三間堆房五間大門一間旗兵營建乾隆三十五年添建晒晾樓三間檔案光緒十六年火災十八年重建摺檔

龍船房十九間堆撥房二間在西門外外紀乾隆十九年建二十八年添建造船房三間嘉慶十五年裁去

七間檔案

顏料庫三十間在西門内東南隅外紀旗兵營建檔案

養牲所在北門外外紀飼養黑牛芻薪房六間牛牢五

間羊圈二間檔案

鷹房五間在巴爾虎門内東南隅外紀

御史公署十五間雍正六年設盛京通志四十六今廢

甯古塔副都統署在城内正北隅康熙五年建同治

十三年土寇焚燬光緒三年重建最後爲印房次二

堂七楹正中大堂五楹綴以重軒階下爲甬道庭中

老樹數株枝榦蟠曲東偏銀庫三楹左司房八楹西

偏右司房六楹倉司房三楹折而北爲菓子樓原係貂皮庫乾隆四十八年改建雍正四年增建修箭桿處匠役房儀門一楹大門五楹左右兩翼房暨前槍營虎槍營皁班聽差處俱在大門外周圍排鹿角木南列照牆檔案圖冊合輯光緒十八年署副都統莫爾賡額重修右司房並印務處菓子樓承辦處辦事房揖檔

副都統府在城南門內旗兵營建廳事三楹東爲兵弁住房五楹西書吏房三楹後爲儀門門後爲二堂五楹兩廂房共四楹又後內室五楹內室迤東有廚房有廒大門三楹轅門照壁如制乾隆四十七年四

十八年並重修檔案圖册合輯以後繕葺未詳

監獄在城內西北隅獄官房三間獄房三間看獄巡

更廂房共五間册報

演武廳三間堆撥房三間門樓一座在城東三里許

旗兵營建光緒八年重修册報摺檔合輯

火藥局二局在城東門外昭忠祠內册報

稅課司在城東門內圖說

督捕廳在城東門外城隍廟內同上

街道廳在城南門外同上

八旗弓匠鐵匠房六間盛京通志四十六

激桶房八間檔案

養鷹房三間上同

御史公館十五間雍正六年設舊志盛京今廢地在西門外德

勝街南首居人猶呼

爲欽差行臺云

伯都訥副都統署在城中康熙三十二年建大堂五

楹二堂三楹銀庫印庫各二楹左司右司房各四楹

檔房共六楹前鋒營房虎槍營房並在儀門外八旗

聽差房在署前署內迆東爲土地祠西南隅爲監獄

大門轅門照牆如制檔案光緒八年增建過廳五楹並

加修葺册報十八年副都統柏英重修大堂暨印庫左

右司檔房檔摺

副都統府在南門内路西康熙三十二年建廳事三楹東翼室三楹西書室五楹二堂暨兩廂房凡九楹内室三楹東西廂房共四楹外爲儀門大門乾隆年間迭次修葺檔案冊報合輯光緒十八年重修檔摺

演武廳三間堆房三間本在城南今移至東門外冊報

光緒十八年重修檔摺

火藥庫一間堆房二間在城外東北隅雍正九年建冊報光緒十八年重修檔摺

督捕廳值班房五間在西門内乾隆元年建冊報

菓子樓二間康熙三十二年建內設冰窖同上

澂桶房二間旗兵建造檔摺

弓匠鐵匠房三間旗兵建造同上

理事廳廢署在副都統署路西始以居巡檢乾隆二十六年奉裁改爲委主事署通志嘉慶十五年改設理事同知光緒八年同知署移建孤榆樹屯今爲電報局民稅局及征收地丁錢糧處冊報

三姓副都統署在城東北隅雍正十年建大堂五楹穿堂五楹印務處檔房三楹堂東印庫二楹左司房三楹菓子樓二楹前鋒營房三楹西爲銀庫二楹烏

綾庫一作賞需樓三楹右司房三楹番役房三楹火器營房三楹又西偏爲監獄前儀門東西便門各一又前大門八旗聽差房在門左右南列照牆鹿角木三十丈乾隆嘉慶道光咸豐年間俱有修葺光緒十四年重修檔案圖册合輯

副都統府在城東門內署東旗兵營建廳事五楹花廳五楹書室三楹東西廂房六楹外爲大門板垣圍之乾隆十七年重修同上以後繕葺未詳

演武廳三間堆房三間在城東門外旗兵建造乾隆五十八年六十年道光三年俱重修檔案册報合輯

火藥庫一間在城北門内冊報

稅課司三間在城西大街路北同上

護江關稅房三間在城東三十里松花江口光緒七年建同上

街道廳屋三間在城西大街路北同上

採捕東珠船房三間旗兵建造檔案

左右翼關防處在城東南隅圖說

八旗弓匠鐵匠房六間旗兵建造今圮冊報

養鷹房五間乾隆三十九年建今圮同上

富克錦協領署在城北光緒十年建大堂五楹內室

五楹東廂鑲黃旗正白旗辦事房六楹西廂正黃旗正紅旗辦事房六楹從屋凡八楹册報

火藥庫一所在署西圖册

阿勒楚喀副都統署在舊城中路西雍正六年建大堂五楹二堂三楹左司右司房各三楹銀庫印庫各二楹儀門一楹大門三楹前鋒營房八旗聽差房並在署前西偏監獄五間板垣圍之照壁一座乾隆年間俱經修葺册報檔案合輯同治四年燬七年副都統海英重建招檔左司檔房暨銀印二庫光緒十四年十五年重修監獄十三年重修册報

副都統府在署東旗兵營建乾隆年間屢有繕葺同治四年燬八年重建房屋都二十一楹册報

演武廳三間在舊城外東南隅旗兵建造乾隆二十五年重修檔案同治八年重建册報

火藥庫一間光緒四年建册報

兩翼協領關防處八旗佐領辦事房每一所屋五間凡五十間大門各一間始建年無考光緒十八年重修摺檔

菓子樓二間外紀作三間旗兵建造檔案

稅課司屋五間廂房四間在城内十字街西北剏建

年分無考光緒十一年重建報册
查街辦事房三間旗兵建造檔案光緒十一年重建屋
六間報册
激桶房在城內十字街西北報册
雙城協領署在城內東南隅嘉慶二十年建正房三
楹東西廂房各三楹大門一楹檔案同治四年燬堡故
有總管府房廨都三十餘楹今爲協領治事所報册
協領住宅正房三楹東西廂房各三楹大門一楹檔案
佐領住宅二所每所房廨凡八楹同上
驍騎校住宅二所每所房廨凡六楹同上

領催住宅八所每所屋四楹同上

披甲住宅六十所每所屋三楹同上

左屯佐領署嘉慶二十四年建正屋三楹廂房三楹大門一楹同上　按外紀有中屯協領左屯佐領右屯佐領三署册報僅及協領署始末餘俱闕略茲據檔案錄其歧異處未詳

佐領住宅二所每所房廨凡八楹同上

驍騎校住宅二所每所房廨凡六楹同上

領催住宅四所每所屋四楹同上

披甲住宅三十所每所屋三楹同上

演武廳三間堆房三間在城南圖册

税課司三間在城中同上

番役房三間查街房三間並在城中廸西同上

菓子樓二間檔案

拉林協領署在拉林城西北隅前以副都統鎮之乾隆三十四年改設大堂五楹二堂三楹東西廂房各三楹儀門一楹門東銀庫三楹乾隆四十四年改爲棉甲庫西軍器庫三楹大門一楹檔案參圖冊同治四年燬七年署協領永海重修光緒十八年協領保成重修大堂暨檔册房摺檔

琿春副都統署在城中故協領所居康熙五十三年

建嘉慶十二年十三年十四年陸續繕葺檔案光緒八年將軍銘安奏請改設大門七楹儀門三楹東偏庫樓一座大堂五楹東廂爲左司承辦處西爲右司印務處後有正屋各三楹皆南向二堂五楹東西廂凡六楹光緒十五年大門左右建廠房各四間册報監獄房五間在署外西南隅檔案

副都統府在署後廳事五楹東西廂房各三楹東廂後院正屋三楹廂房十楹以居勇弁西廂後院正屋亦三楹廂房十楹爲支發處東西轅門各一障以影壁册報

演武廳五間在城南門内同上

教場箭廳三間在城東門外同上旗兵建造嘉慶十五年修葺檔案

三旗堆撥房三間旗兵建造嘉慶十三年修葺檔案

招墾局在城東門内路北正房五間東西廂房各五間大門五間報册

欽差行臺在署西南正房五間東西廂房各六間大門五間儀門一間同上

烏拉協領署在城内十字街總管署西旗兵建造大堂五楹堂後東北隅滿漢義學各三楹東廂辦事房

四楹西廂關防處一楹承辦處三楹乾隆四十八年四十九年五十年五十年次第修葺二門大門照牆如制板牆圍之檔案圖冊合輯

演武廳三間堆房二間在城東門外旗兵建造嘉慶三年十年俱重修檔案參圖冊

箭亭三間在城東門外冊報

貯蜂蜜房三間通志

御史公館二所在城東門外同上今廢

八旗堆房共二十四間在城內外紀

五常協領署在堡中西北隅咸豐八年建大堂三楹

後爲關防處房三楹堂東西左司右司房各五楹檔房各三楹火藥庫二楹光緒十年重修儀門大門照牆咸具圖冊

演武廳三間在堡中西南隅同上

伊通河佐領署在城東北隅雍正六年建廳事及東西廂凡九楹二門大門各一楹乾隆年間重修圖冊參檔案同治四年燬七年佐領三慶重建摺檔光緒十年重修文移

演武廳三間在城外東南隅光緒十一年添建二間檔案文移合輯

額穆赫索羅佐領署在大街路南乾隆七年建廨舍都十二楹圖册

演武廳三間檔案

打牲烏拉總管署在城內十字街東建年無考大堂三楹恭奉

龍牌右有夾室一楹堂後爲印務處屋五楹西偏爲松子細鱗乾魚等庫大堂前屋三楹南向稍東爲銀庫左右設採珠房各五楹兩翼捕魚房共六楹在儀門外前卽大門繚以土垣照牆一座圖册

吉林通志卷二十六

輿地志十四　壇廟　祠祭附

吉林省城

社稷壇在東萊門外先農壇左順治二年建册報

風雲雷雨山川壇在東萊門外先農壇右順治二年建上同

先農壇在東萊門外一里壇高三尺面闊二丈四尺

正殿三楹更衣廳三楹順治二年建上同

長白山望祭殿在城西南温德亭山正殿五楹祭器

樓二楹牌樓二座雍正十一年建每歲春秋將軍率

屬望祭 盛京通志九十九

吳兆騫封祭長白山恭紀配極神山峻修封

帝命崇金函新建嶽玉檢此升中咸秩遵虞典昌期答漢功星軺瞻二使雲燎覩三公戴斗原承北苞祇獨峙東千年今値泰萬歲昔聞嵩地接興龍近天開翥鳳雄嵯峨分氣象崷崒闢鴻濛五時儀還陋三祠禮自同宗禋通肸蠁展宷契昭融圭幣陳緹帟騂駒豁錦幪日華遙合扇雲氣迴成宮列嶂輝瓊雪雙流亙玉虹壯哉符寶勢赫矣麗璇穹仙靄凝巖紫高霞鏡野紅何須傳縱雉已見永垂鴻芝朮祥侔岱枌榆祀比豐

紫壇三望徧絳節百神通運喜逢文命書慙獻所忠

聖皇長有道靈秩慶無窮秋笳集二

劉綸恭和

御製望祭長白山作元韻

王氣長鍾協大亨禮先羣望仰精誠蕭燔仙霧開

金殿勺薦神漿挹紫英千丈高蟠俄朵碧三江遶匯閶

門清願祈肸蠁昭靈貺坤絡乾維護兩京盛京通志百二十

三

汪由敦前題詩周邦時邁協昭亨

喬嶽升香表至誠紫氣東來常鬱鬱白雲中起鎮英英祥

徵朱果符長發秩配

黄祇佑永清薦帛燔柴翹望處地靈億載護

神京同

上

松花江神廟在東萊門外北江岸正殿五楹大門三

楹配廡三楹乾隆四十四年

敕建嘉慶二年修葺光緒十四年

御書馬訾保障匾額恭懸正殿

乾隆四十三年九月壬寅

上諭朕惟吉林之松花江縈護陪京滋演億載靈脈向未建

廟專祭無以仰答神庥著交福康安於吉林城外沿江處

所特建松花江神廟將如何擇地興工之處定議具奏東華續錄四十三

關帝廟有四十一一在東萊門外正殿三楹後殿三楹大雄閣三楹酒仙殿三楹東西配廡各五楹東西廂房各三楹左右禪堂各三楹鐘鼓樓各一大門三楹正殿恭懸咸豐九年

御賜萬世人極匾額及光緒十四年

御書神武孔昭匾額一在得勝門外北山正殿三楹西配廡七楹禪堂三楹穿廳三楹東配房五楹仙人堂三楹鐘鼓樓各一演戲樓一座西便門一楹乾隆十九

年

高祖純皇帝駕幸吉林

御書靈著幽岐匾額恭懸正殿一在迎恩門外火神廟內正殿三楹東西配廡各六楹左右禪堂各三楹一在省東四十里大茶棚正殿三楹佛殿三楹娘娘殿三楹禪堂三楹大門一楹一在省東一百二十里老爺嶺正殿三楹禪房三楹康熙二十八年建光緒九年重修一在省東二百四十里退搏站正殿三楹娘娘殿三楹東西配廡各三楹大門一楹一在省東南一百八十里蛟河鎮正殿三楹娘娘殿三楹財神殿三楹

東西配廡各五楹鐘鼓樓各一大門一楹嘉慶十三年建光緒五年重修一在省東南三百二十里木其河川正殿三楹娘娘殿三楹東西配廡各五楹鐘鼓樓各一大門一楹同治年建光緒十九年重修一在省南五十三里紅旗屯正殿三楹西配廡三楹大門一楹乾隆三十八年建一在省南八十里官地正殿三楹東配廡三楹鐘鼓樓各一大門一楹嘉慶十三年建光緒十四年重修一在省南一百四十里慶嶺正殿三楹西配廡三楹大門一楹光緒十五年建一在省西南一百六十里二十家子屯正殿三楹東西

配廡各三楹鐘鼓樓各一大門一楹咸豐十一年建

一在省西南二百里烟筒山正殿三楹西配廡三楹

大門一楹光緒十一年建一在省西南二百八十里

老爺嶺正殿三楹東配廡三楹大門一楹同治三年

建光緒十一年重修一在省西二十五里觀音嶺正

殿三楹東西配廡各三楹佛殿三楹菩薩殿三楹靈

仙堂一楹大門三楹光緒十七年重修一在省西四

十五里大殺河正殿三楹後殿三楹東西配廡各三

楹鐘鼓樓各一乾隆四十六年建光緒十七年重修

一在省西一百里大荒地正殿三楹中殿三楹後殿

三楹東西配廡各三楹鐘鼓樓各一大門一楹嘉慶十三年建道光九年重修同治八年又葺一在省西一百二十里波泥河正殿三楹娘娘殿一楹鐘樓一座大門一楹乾隆二十年建同治四年重修一在省西一百八十五里放牛溝正殿三楹後殿三楹鐘鼓樓各一大門一楹一在省西二百五里馬家頭台正殿三楹娘娘殿三楹藥王殿一楹東西配廡各三楹乾隆四十六年建嘉慶十五年重修光緒二年又葺一在省西一百八十里新安堡正殿三楹娘娘殿三楹靈仙堂三楹東配廡五楹鐘樓一座大門一楹乾

隆八年建光緒七年重修一在省西二百二十里小
河台正殿三楹娘娘殿三楹藥王殿一楹東西配廡
各三楹鐘鼓樓各一乾隆十三年建光緒五年重修
一在省西二百里雙陽河正殿三楹東西配廡各三
楹大門三楹康熙年建光緒十二年重修一在省西
六十里蒐登站正殿三楹彌勒佛殿一楹鐘鼓樓各
一大門三楹乾隆十三年建道光十五年重修一在
省西九十里一拉溪正殿三楹東西配廡各三楹大
門一楹乾隆二十三年建道光十三年重修同治七
年又葺一在省西一百八里雙橋子正殿三楹東西

配廡各三楹大門一楹乾隆年建咸豐十年重修一在省西一百二十里岔路河正殿三楹菩薩殿一楹東西配廡各五楹鐘鼓樓各一大門三楹康熙三十八年建乾隆二十年重修同治十年光緒十五年又葺一在省西北五十里紅土崖屯正殿三楹東配廡三楹鐘鼓樓各一大門一楹一在省西北一百五十里奇塔穆街正殿三楹娘娘殿一楹東西配廡各三楹鐘樓一座一在省北二十八里舊站街正殿三楹鐘樓一座大門一楹一在省北頭台子正殿一楹佛殿三楹東配廡五楹鐘樓一座大門一楹一在省北

七十里大荒地正殿三楹東西配廡各三楹鐘樓一

座大門一楹一在省東北九十里尤家屯正殿三楹

東配廡三楹大門一楹道光二十五年建一在省東

北一百二十里缸窯屯正殿三楹東配廡六楹鐘樓

一座大門一楹雍正年建咸豐六年重修一在省東

北一百八十里六道荒小城子正殿三楹西配廡三

楹大門一楹光緒十三年建一在省東北一百八十

里朝陽川官街正殿三楹娘娘殿三楹東西配廡各

三楹大門一楹同治八年建光緒十年重修一在省

東北一百二十里溪浪河正殿三楹東西配廡各三

楹大門一楹康熙年建同治五年重修一在省東北一百二十里鳳凰山正殿三楹配廡三楹禪堂五楹鐘樓一座同治七年

御賜巖疆保障匾額恭懸正殿一在省東北一百三十五里嘎呀河正殿三楹東西配廡各三楹鐘鼓樓各一大門一楹嘉慶二年建一在省東北一百四十里白旗屯正殿三楹娘娘殿三楹東配廡三楹西配廡六楹大門一楹乾隆二年建道光五年重修光緒十一年又葺一在省東北一百八十里法特哈門正殿三楹東西配廡各五楹鐘樓一座大門一楹康熙年建光

緒五年重修

文昌宫在城内東南隅正殿三楹後殿三楹配廡三楹馬殿三楹大門一楹乾隆三十年同知圖善於魁星樓下權宜設祭咸豐八年舉人慶福等集貲創建始如今制同治十三年重修光緒十九年分巡道訥欽籌款又葺

龍王廟有二一在東萊門外一里餘正殿三楹東西配廡各三楹大門一楹乾隆二十年建嘉慶二十三年將軍富爾松阿飭屬重修同治九年將軍富明阿倡捐又葺正殿恭懸光緒十四年

御書渤澥宣仁匾額一在江南岸正殿三楹東西配廡各三楹大門三楹咸豐七年建

城隍廟在城内將軍署東正殿三楹後殿三楹東西配廡各三楹儀門三楹禪堂三楹土地祠三楹鐘鼓樓各一大門三楹上有演戲樓康熙四年建嘉慶十一年重修道光二十六年復修光緒十一年又修光緒十四年

御書龍泉普佑匾額十六年

御書龍泉惠普匾額恭懸正殿十五年在迎恩門外建設行宫正殿三楹大門一楹

龍鳳寺在朝陽門外龍潭山即尼什哈山距城十二里佛殿三楹龍王殿三楹客廳三楹更衣廳五楹禪堂三楹配房六楹鐘鼓樓各一乾隆十九年

高宗純皇帝駕幸吉林

御書福佑大東匾額恭懸正殿寺西北爲龍潭春秋將軍率屬致祭潭前建牌坊一座上懸光緒十七年

御書挹婁澤治匾額寺西南有神樹一株春秋致祭

火神廟在迎恩門外一里許正殿三楹東西配廡各三楹鐘鼓樓各一大門三楹門前有演戲樓一座雍正五年建同治二年復葺光緒二年商八呈請抽釐

重修

山神廟有二一在迎恩門外一里許正殿三楹配廡禪堂共十餘楹鐘鼓樓各一大門三楹門前有演戲樓一座建年無考光緒初年山東會商人捐貲重修一在城內太平倉前正殿一楹大門一楹乾隆十三年建同治九年重修

眞武廟在北極門外元天嶺上正殿三楹東西配廡各三楹禪堂六楹斗姆閣三楹大門一楹乾隆三年建五十二年重修道光二十九年又葺

八蜡廟俗呼蟲王廟在城內東南隅正殿三楹東殿一楹

北殿三楹西殿一楹前殿一楹南配廡五楹禪堂三楹大門一楹康熙六年建光緒十三年東三省練兵大臣穆圖善倡捐重修

祖師廟在朝陽門内路南殿宇六楹禪堂三楹西配廡五楹東耳房三楹大門一楹

魁星樓在文昌宫左乾隆七年建咸豐八年復葺同治十三年重修旁建靈仙堂祠宇一楹大門一楹

三義廟在河南街北正殿三楹配房三楹大門三楹

功德院在通天街路北正殿三楹後殿五楹東西正殿各三楹東西配廡各三楹禪堂六楹鐘鼓樓各一

大門三楹前明時建雍正十二年復葺光緒元年重修刑部郎中彭光譽爲之記其文曰釋迦牟尼言等身金寶布施功德胝爲人解說經文功德百分不及一而今之緇白末流惟知金寶布施爲功德者何也如來入世時亦有長者須達多布金建精舍善女菴羅以園奉佛彼祇心篤皈衣乞佛爲衆生說法故得各證菩提豈以布施修福報而受後有也在佛之慈悲仍一住無住度衆生無衆生得度之本旨但必隨緣應現故法施藉財施理亦有之然則以金寶布施者果爲衆生說法之道場也卽與說經功德爲比佛

亦必云如是如是矣吉林城中有善院一區以功德名者也歲久失修榱宇寖圮阿闍黎安貴乞有緣善信布金莊嚴之考乾隆中臨榆生員廉三省氏木碑及道光初堂主事薩英額吉夫吉林外紀僉謂雍正時有石母者豐於產而無子捨宅爲院香鐙奉佛别爲暖室三冬收老幼廢疾衣食之田產悉歸院界衲子住持爲經久貲今之琳宇巍峨西偏養濟院皆其故址其田產則半爲佃者侵没紀僅云母熊氏父與夫皆不詳嗚呼以一現優婆夷身者心抒悲憫振逆濟貧哀孤恤老雖百有餘年仍延其舊布施之澤之

遶有如是蓋以菴羅而奄有須達多之美是又一東土給孤獨園矣菴羅云乎哉母生平他事無考所證之果不可知第據此一事其神亦必生忉利以功德名其院不亦宜乎安貴秉受岫雲寺慈雲和尚戒律持戒甚苦莊嚴佛土甚勤有雲棲蓮池遺軌發大誓願將接法上京爲十方常住謀開講壇戒壇接引眞俗二衆是頗知說經功德者吾以郲輸跋陀隨緣成善勉之固未知此土法緣何如爾其院工則自釋迦如來殿而梵王子殿而鐘鼓樓以迄山門及石母祠養濟院大室齋堂客寮之屬經始於光緒乙亥之夏

藏事於壬午之秋並皆堅固莊嚴且宏大其舊制布施者自今將軍銘公副都統玉公督辦邊務大臣吳公下逮滿漢羣僚軍民商賈無不歡喜佽助按籍可稽之田銘公别籌重貲贖而歸之公受孔子戒不甚喜佛法在佛法實能仁之儔也余以庚辰冬應調吉林從事邊務幕府越二年夏來院效波斯匿故事於大母諱日營齋適院工落成安貴稽首乞文以記其事故結集其顛末如此夫顛連無告於時保之在成德之君子皆視爲性分中事院之克復其舊初非爲福報後有而實爲存恤孤貧事之易成尚不爲異余

獨異夫以訥於言言輒面赤之安貴而一時賢公卿大夫若皆默契其誠各抒痌瘝懷抱即安貴而推暨之何輻輳若是也非有夙因歟藉曰苦行感人甚深亦可謂善流聚積矣爰即院名爲演說說經功德以進之安貴其勇猛精進誓不退轉必荷擔如來闡揚聖教合眞俗苦樂衆生而胥度之皆使成就唯心之安樂刹庶不墜石母以來以迄今日十方善信無量無邊布施功德乃爲釋子無上無等等布施功德爾

財神廟在城內翠花胡同東正殿五楹東西配廡各三楹西客廳五楹穿廳三楹廚房三楹東耳房三楹

大門三楹上有演戲樓嘉慶十五年任學先等集資
創建道光年間復葺同治十三年今甯古塔副都統
富爾丹倡捐重修
賜麟堂在翠花胡同正殿三楹禪堂五楹東耳房三
楹馬殿三楹大門一楹乾隆二年建光緒十七年重
修
三官廟在城内牛馬巷北正殿三楹東西配廡各三
楹三清殿一楹大門一楹康熙三十三年建光緒十
二年重修
三皇廟有二一在通天街北正殿三楹西配廡四楹

大門一楹康熙三十年建嘉慶八年復葺光緒五年重修一在得勝門外北山正殿三楹東西配廡各三楹西南爲眼藥池又西爲春江山閣旁有靈仙堂大門一楹康熙三十一年建乾隆五十二年重修

觀音堂在巴爾虎門內路南正殿三楹東西配廡各五楹仙人堂一楹鐘鼓樓各一大門三楹門前有演戲樓一座相傳乾隆元年某總管得大士金身於清溪中供奉茅菴後總管出征屢蒙神佑遂於三十五年特建是廟道光三年復葺十七年官商集貲置買祀田同治八年將軍富明阿倡捐重修

清真寺有三一在城內牛馬巷東殿廡廳房大門共十五楹一在北街路西殿廡廳房大門共十七楹一在北關路西殿廡廳房大門共二十楹均係回民修建

天齊廟在朝陽門外路北正殿三楹東西配殿各六楹禪堂七楹靈仙堂二楹鐘鼓樓各一大門三楹雍正二年建嘉慶十六年重修

地藏寺有二一在朝陽門外里許路北正殿一楹龍王殿一楹配房三楹大門一楹乾隆五十三年建一在迎恩門外義地東殿宇配房大門共七楹嘉慶十

三年建

西方寺在迎恩門外路北正殿三楹東西殿各三楹東配廡三楹鍾鼓樓各一前明建柳邊紀略云西方庵供釋迦像在船廠城西邊門外康熙十二年建即此寺也

國朝嘉慶丙寅燬於火十七年修如舊制光緒十年復葺

冥陽寺在迎恩門外二里許路南殿廡廳舍禪堂大門共十六楹乾隆三十三年建

馬神廟在迎恩門外船營西正殿三楹配廡十楹大門一楹康熙元年建

青蓮寺在巴爾虎門外正殿三楹東西配廡各三楹雹神殿一楹東耳房一楹鐘鼓樓各一大門一楹乾隆十五年建嘉慶十五年復葺光緒十九年僧人安貴募貲重修

靈仙府在巴爾虎門外西北三里許正宇三楹東西配廡各三楹東耳房二楹大門一楹光緒十五年建

神祇祠在府署東正宇三楹配廡三楹大門一楹乾隆四十三年建同治三年重修光緒十四年又葺

昭忠祠先在通天街後胡同正宇五楹同治九年建光緒九年移建局子街路北正宇五楹東西配廡各

三楹二門三楹配房各三楹大門三楹

伊壯愍公祠在崇文書院右正宇三楹東西配廡各三楹西耳房二楹穿廳三楹大門一楹同治十一年建

多忠勇公祠在崇文書院左正宇三楹大門一楹同治十一年建

富威勤公祠在崇文書院東正宇三楹西配廡三楹大門一楹光緒十四年建

穆果勇公祠在崇文書院西胡同正宇三楹東西配廡各三楹大門三楹光緒十九年建

金忠介公祠在迎恩門外後新街路北正宇三楹東西配廡各三楹穿廳三楹西廊房五楹二門一楹大門一楹光緒十九年建

名宦祠在崇文書院西正宇三楹

鄉賢祠在名宦祠左正宇三楹

節孝祠在名宦祠右正宇三楹以上三祠光緒十九年分巡道訥欽籌款𭛠建以上冊報

伊通州

社稷壇未建

先農壇未建

關帝廟有十一　一在城內西街正殿三楹東西配廡各三楹佛殿三楹鐘鼓樓各一大門三楹嘉慶八年建　一在東門外正殿三楹娘娘殿三楹東西配廡各三楹鐘鼓樓各一大門三楹乾隆三年建　一在城東北二十五里伊巴丹站正殿三楹火神殿三楹東西配廡各三楹鐘鼓樓各一大門三楹乾隆三年建　一在城西南七十五里小孤山鎮正殿三楹東西配廡各三楹大門三楹乾隆四年建　一在城西南九十五里赫爾蘇鎮正殿三楹娘娘殿三楹東西配廡各三楹鐘鼓樓各一大門三楹道光三年建　一在城西南

二百六十里蓮花街正殿三楹東西配廡各三楹鐘鼓樓各一大門三楹乾隆四年建一在城西南二百八十里𦤶水甸子屯正殿三楹火神殿三楹娘娘殿三楹東西配廡各三楹鐘鼓樓各一大門一楹嘉慶五年建一在城西南二百七十里地北堡正殿三楹娘娘殿三楹東西配廡各三楹鐘鼓樓各一大門一楹道光三年建一在城西北九十里二十家子正殿三楹玉皇殿三楹東西配廡各三楹鐘鼓樓各一大門一楹嘉慶六年建一在城西北一百一十里四台子正殿三楹娘娘殿三楹東西配廡各三楹鐘鼓樓

各一大門一楹道光七年建一在城西北一百三十里上三台正殿三楹娘娘殿三楹東西配廡各三楹鐘鼓樓各一大門三楹乾隆四年建
城隍廟在城外西南正殿三楹東西配廡各三楹大門三楹光緒十六年建
太陽廟在西門外正殿一楹觀音殿三楹大門一楹光緒七年商民捐建
娘娘廟有六一在西門外正殿三楹東西配廡各三楹火神殿三楹大門一楹道光二年建一在城西南三十五里大孤山鎮正殿三楹大門一楹道光三年

建一在城西南二百一十里葉赫站鎮正殿三楹馬神殿三楹東西配廡各三楹鐘鼓樓各一大門一楹雍正二年建一在城西南二百五十里楊木林子正殿三楹東西配廡各三楹鐘鼓樓各一大門一楹道光六年建一在城西南二百五十里七箇頂子正殿三楹配殿三楹大門一楹光緒八年建一在城西北二百七十五里下二台正殿三楹東西配廡各三楹大門一楹雍正二年建

藥王廟在西門外正殿三楹魯班殿一楹大門一楹道光四年商人捐建

大佛寺在北門外正殿三楹東西配廡各三楹鐘鼓樓各一大門一楹嘉慶三年建

財神廟在北門外正殿三楹東西配廡各三楹大門一楹道光四年建

昭忠祠在東門外正宇三楹大門一楹嘉慶二年建

據册報

敦化縣

社稷壇未建

先農壇未建

關帝廟在城内東北民間捐建

城隍廟在城内西北民間捐建

仙人堂在縣署東祠宇一楹

三佛寺在城東北一百三十里額穆赫索羅街東正殿三楹關帝殿三楹西配廡三楹韋陀亭一座鐘鼓樓各一大門三楹康熙年建

山神財神馬王廟在城東北一百三十里額穆赫索羅正殿三楹東西配廡各三楹鐘鼓樓各一大門一楹嘉慶年建據册報

長春府

社稷壇未建

先農壇未建

關帝廟在城南門外正殿三楹娘娘殿三楹老君堂一座了意眞人祠一座公輸眞人祠一座胡定眞人祠一座大仙堂一座大仙閣一座藥王殿一座魁星樓一座土地祠一座西配廡七楹禪堂十三楹鐘樓一座大門三楹嘉慶二十一年建

文昌宮在城內東南隅正殿三楹大門三楹同治十二年建

城隍廟在城內西頭道街路北正殿三楹後殿三楹儀門三楹東西配廡各五楹禪堂十楹鐘樓一座土

地祠一楹大門三楹道光六年建

火神廟在城內三道街路北正殿三楹大門一楹道光二十八年建

龍王廟在東門外正殿三楹東西配廡各五楹大門一楹道光十六年建據册報

農安縣

社稷壇在南門外

先農壇在南門外正殿一楹配房三楹光緒十六年建

關帝廟在城內正殿三楹光緒七年建

城隍廟在南門內正殿三楹後殿三楹配廡各三楹鐘鼓樓各一大門三楹光緒十九年建

財神廟在城內正殿三楹東西配廡各五楹大門一楹同治十一年建

娘娘廟在南門外正殿三楹關帝殿三楹龍王殿一楹太門一楹道光十四年建

朝陽寺在城西娘娘殿三楹東西配廡各五楹鐘樓一座大門一楹道光八年建

海晶宮在城西龍母殿一楹娘娘廟三楹東西配廡各三楹大門一楹道光二十八年建

海雲宫在城西太山老姥殿三楹關帝殿一楹九聖祠一楹東西配廡各三楹大門一楹道光十四年建

靈應宫在城西龍母殿三楹藥王殿一楹配廡五楹大門一楹咸豐二年建

鬼王廟在西門外正殿三楹大門一楹同治四年建

德慶宫在城東北娘娘殿三楹關帝殿三楹火神殿一楹東西配廡各五楹鐘樓一座大門三楹道光十七年建

太平寺在城西北娘娘殿三楹關帝殿三楹東西配廡各三楹大門三楹道光五年建據册報

伯都訥廳

社稷壇未建

先農壇未建

關帝廟在城内商民捐建

龍王廟在城内商民捐建

觀音閣在城内商民捐建據册報

五常廳

社稷壇未建

先農壇未建

關帝廟有二一在東門外正殿五楹前殿三楹後殿

一楹大門三楹光緒七年建一在城西北二十里五常堡正殿三楹大門一楹光緒二年建

賓州廳

社稷壇在東門外

先農壇在東門外

關帝廟在城內十字街商民捐建

文昌宫在城內十字街商民捐建

龍王廟在城內十字街商民捐建據册報

雙城廳

社稷壇未建

先農壇未建

關帝廟有九一在城內西街正殿三楹觀音殿一楹龍王殿一楹馬殿一楹東西配廡各五楹大門一楹道光元年建二十六年添建財神殿三楹娘娘殿三楹呂祖祠一楹祖師殿三楹仙人堂一楹東西配房十楹一在東門外路北正殿三楹馬殿一楹娘娘殿三楹東西配廡各五楹大門一楹道光二十九年建一在拉林城內大街路北正殿三楹城隍殿三楹娘娘殿三楹風神殿一楹仙人堂一楹昭忠祠一楹乾隆三十四年建一在城東一百一十里新甸吉興寺

正殿三楹娘娘殿三楹東西配廡六楹馬殿一楹大門一楹道光十六年建一在城東南一百一十里多歡站靈佑寺正殿三楹觀音殿一楹娘娘殿三楹山神殿一楹仙人堂一楹東西配廡六楹馬殿一楹大門一楹鐘鼓樓各一道光二十一年建一在城東南二百八十里帽兒山太和宮正殿三楹玉皇殿三楹娘娘殿三楹山神殿一楹東西配廡六楹鐘鼓樓各一大門一楹同治七年建一在城南青雲觀正殿三楹娘娘殿三楹同治五年建一在城西八十里白土崖子龍泉寺正殿三楹玉皇藥王同殿佛殿三楹觀

音殿一楹娘娘殿三楹仙人堂一楹東西配廡六楹
鐘鼓樓各一大門三楹道光二十年建一在城西八
十里碢子廟正殿三楹娘娘殿三楹東西配廡六楹
大門一楹道光十三年建
城隍廟在城內大街路北正殿三楹馬殿一楹土地
祠一楹東西配廡十楹大門一楹同治十年建
火神廟在南門外正殿三楹觀音殿一楹東配廡三
楹光緒十九年建
鬼王廟在西門外正殿三楹西配廡三楹同治十年
建

昭忠祠在城內大街路東正宇三楹東配廡三楹同治十二年建

藥王廟在城西八十里柞樹林子正殿一楹娘娘殿三楹東西配廡六楹大門一楹道光十五年建

三皇廟在拉林城內大街路北正殿三楹山神殿一楹大門一楹乾隆三十四年建

土地祠在拉林城內東南隅光緒十八年建

甯古塔城

社稷壇在城西南四里許高三尺餘道光六年建

先農壇未建

風雲雷雨神廟在城東南三里許正殿一楹大門一楹道光六年建

文昌宮在城內東南隅正殿三楹上卽魁星樓嘉慶二十三年建

關帝廟有五一在城東正殿三楹後殿三楹東西配廡各五楹禪堂三楹文昌殿三楹馬神殿三楹大門三楹康熙四年建一在城西正殿三楹東西配廡各三楹禪堂十四楹酒仙祠一楹牛王殿一楹大門三楹乾隆四十年建一在城西南十里許依蘭岡正殿三楹東西配廡各五楹大門三楹一在城西北六十

里乜河屯正殿三楹禪堂三楹大門三楹乾隆四十八年建一在城西八十里沙蘭站正殿三楹東西配廡各三楹鐘鼓樓各一大門三楹門前有演戲樓一座康熙十年建

火神龍王廟在城外西北正殿三楹配廡三楹禪堂三楹大門三楹康熙四十九年建

山神廟在城東正殿三楹東西配廡各七楹禪堂六楹大門三楹門前有演戲樓一座乾隆十二年建

城隍廟在城東正殿三楹配廡五楹禪堂三楹瘟神殿一楹土地祠一楹大門三楹康熙六十一年建

財神廟在城東正殿三楹東西配廡各五楹禪堂六楹大門三楹康熙四十五年建

天齊廟在城東正殿三楹東西配廡各三楹大門三楹康熙五年建

藥王苗王蟲王廟在城東正殿三楹東西配廡各五楹禪堂三楹大門三楹康熙五十四年建

老君廟在城東正殿三楹禪堂五楹大門三楹康熙五年建

七聖廟有二一在城東正殿三楹大門三楹康熙五十四年建一在城西南七十里東京城正殿三楹九

聖殿三楹娘娘殿三楹靈官殿三楹東西配廡各五

楹大門三楹

古佛寺在城東南正殿三楹大門三楹乾隆四十五

年建

彌勒院在南門外正殿三楹禪堂三楹大門一楹乾

隆四年建

觀音閣在城西三里許閣制三楹地藏殿三楹河伯

神祠一楹天仙聖母殿一楹配廡八楹禪堂三楹鐘

鼓樓各一大門三楹康熙三年建柳邊紀略云在吉林峯下河邊

地藏廟在城北正殿三楹東西配廡各三楹大門一

楹雍正七年建

觀音廟在城東北五里覺羅窪子正殿三楹禪堂三楹大門一楹

三官廟在城東北正殿三楹禪堂五楹大門三楹康熙二十一年建柳邊紀略同

娘娘廟在三官廟東正殿三楹東西配廡各三楹大門三楹康熙三十一年建

石佛寺在城西南七十里東京城正殿三楹四大天王殿三楹彌勒佛殿三楹大佛殿三楹左右十八羅漢殿六楹東西配廡各五楹禪堂三楹大門三楹相

傳金時建

國朝同治年重修<br>冊報

伯都訥城

關帝廟正殿三楹康熙年建

江神廟正殿一楹道光十六年建

龍王廟正殿三楹乾隆三十七年建

城隍廟在城內正殿三楹同治元年建

龍虎寺在城內正殿三楹眞武山神同殿乾隆年建

感應寺在城內正殿三楹藥王龍王同殿乾隆年建

財神廟在城內正殿三楹同治元年建

清眞寺在城内回民早年建同治元年重修

觀音堂正殿三楹乾隆年建

大佛寺正殿三楹

僻靈寺郎鬼王廟正殿一楹

玉皇閣内有釋迦佛閣制三楹嘉慶二十三年建

瘟神廟正殿三楹乾隆二十一年建

娘娘廟正殿三楹乾隆四十七年建

魯班廟正殿三楹嘉慶二十年建

太醫廟正殿一楹同治十一年建

土地祠在署内康熙三十二年建

昭忠祠正宇三楹同治十一年建 册報

阿勒楚喀城

關帝廟有二一在保安門外正殿三楹一在舊城外正殿四楹

文昌宮在保安門外關帝廟內並建魁星樓一座高五丈餘

龍王廟在保安門外正殿四楹

火神廟在保安門外與龍王同殿

城隍廟在舊城內正殿二楹

山神廟在舊城外

財神廟在舊城外

祖師廟在舊城外以上均與關帝同殿

蟲王廟在保安門外

藥王廟在保安門外以上與龍王同殿

玉皇廟在保安門外

三皇廟在保安門外關帝廟内旁有風神靈應堂配

㢙禪堂鐘鼓樓後有飄塔二座

娘娘廟在關帝廟後

地藏廟有二一在娘娘廟内一在西門外正殿三楹

土地祠在城隍廟内

昭忠祠在城隍廟內報册

三姓城

社稷壇未建

先農壇未建

關帝廟有三一在城內正殿三楹東西配廡各五楹禪堂五楹鐘鼓樓各一大門三楹一在南門外正殿五楹東西配廡各五楹禪堂五楹鐘鼓樓各一大門三楹一在富克錦城西北正殿三楹觀音殿三楹禪堂三楹光緒十八年建

文昌宮在城內正殿三楹旁建魁星樓一座大門一

楹

城隍廟在城內正殿三楹大門三楹

火神廟在城外西北正殿三楹禪堂三楹大門三楹

龍王廟在城北江南岸五里餘正殿三楹禪堂三楹

大門一楹

江神廟在城北與龍王同殿

山神廟在城外街北正殿三楹東西配廡各五楹禪

堂三楹鐘鼓樓各一大門三楹

觀音寺在城內正殿三楹

馬王廟在城內城隍廟院正殿三楹

藥王廟在城內與關帝同殿

魯班廟在城內與關帝同殿

三官廟在北門內正殿三楹東西配廡各三楹大門

三楹光緒十七年副都統富魁倡捐修建

天仙娘娘廟有二一在南門外正殿三楹一在城北

五里正殿三楹東西配廡各三楹禪堂三楹大門一

楹

泰山娘娘廟在城東南拉瑪吽屯正殿三楹東西配

廡各三楹禪堂三楹鐘鼓樓各一大門三楹

玉皇廟在西門外正殿一楹西配廡三楹光緒十八

年副都統富魁倡捐添建東配廡三楹
三皇廟在城外西南三里餘正殿三楹禪堂三楹大門三楹殿前有神樹一株光緒十二年住持僧識禪募貲重修
瘟神廟在城外街北正殿一楹
財神廟在城外街北與山神同殿
竈君廟在城外與火神同殿
酒仙廟在城外與火神同殿
地藏寺在城外西北二里餘正殿三楹東西配廡各五楹禪堂五楹鐘鼓樓各一大門三楹

蟲王廟在城北與龍王同殿

昭忠祠在城内原經官建正宇三楹光緒三年於舊祠前添建正宇三楹東西配廡各三楹大門一楹冊報

琿春城

社稷壇在城南里許

先農壇未建

關帝廟在城西四里許

城隍廟在城内東北隅

龍王廟在城北五里

祖師廟在城内北廂冊報

烏拉城

關帝廟有二一在城内總管署東正殿三楹後殿三楹東西配廡各三楹禪堂六楹鐘鼓樓各一大門三楹一在古城外東北隅正殿三楹後殿三楹東西配廡各三楹禪堂六楹鐘鼓樓各一大門三楹門前有演戲樓一座

城隍廟在城内正殿三楹東西配廡各三楹大門三楹

山神廟在古城東北隅正殿三楹東西配廡各三楹大門三楹

娘娘廟在古城內正殿三楹元通樓三楹東西配廡各五楹大門三楹

藥王廟在城外南街正殿三楹後殿三楹東西配廡各五楹大門三楹西有土地祠一楹後有清眞寺三楹

財神廟在城外北街正殿三楹東西配廡各五楹大門一楹

觀音寺在北門外正殿三楹東西配廡各三楹鐘鼓樓各一大門一楹册報

前代祠祭附

古開天宏聖帝廟金大定十二年有司言長白山在興王之地禮合尊崇議封爵建廟宇十二月禮部太常學士院奏奉敕旨封興國靈應王即其山北地建廟宇十五年三月奏定封册儀物冠九旒服九章玉圭玉册函香幣册祝遣使副各一員詣會甯府行禮官散齋二日致齋一日所司於廟中陳設如儀廟門外設玉册袞冕幄次牙仗旗鼓從物等視一品儀禮用三獻祭如嶽鎮大金集禮三十五大定十二年二月三日檢討到長白山建廟典故下項敕旨准奉行尚書舜典封十有二山注謂每州之名山殊大者以爲其鎮通典載唐天寶八載封太

白山爲神應公其九州鎭山除入諸岳外並宜封公又通典秦有名山大川祠漢修山川羣祀唐宋岳鎭海瀆及名山皆有廟今來長白山在興王之地比之秦漢諸鎭山更合尊崇擬别加封爵仍修建廟宇十二月一日禮部太常寺學士院檢定到爵號名稱及差官相視到建廟地步下項奏奉敕旨封王仍以興國靈應爲名唐天寶八載封太白山爲神應公并九州鎭山除入諸岳外並封公唐清泰初封吳山爲靈應王宋元豐七年封吳山爲成德王擬具到爵位名稱王公開祥應德興興國靈應開聖永甯山北地一段各面七十步可以興建廟宇十五年三月二十三日奏稟封稟儀物冊祝文并合差使副撰定月日行禮節次春秋降香等事從之其餘擬定事理並准呈封冊儀物九旒冠冕板廣七寸長一尺二寸琉玉三采朱白蒼王笄九章服一五章在衣山龍華蟲火宗彝四章在裳藻粉米黼黻玉圭一同桓圭長九寸廣三寸厚半寸玉冊一用次玉長九寸廣九分簡數視冊文多少節二持節擬依於本處差官二員合降冊文祝文香用黃香幣用青幣一丈八尺奉冊使副各一員五品六品內奏差宣判張國基充副使起馬前去

咸平府少尹婁室充使進發日册匣袞冕等各置於
輿約量差軍人援護所過州縣更替每行節在輿前
使副在後逐程置於驛之正廳册案在路人皆避路
至山下安置潔淨去處行禮官並散齋二日於公館
致齋一日於祠所前一日於廟中陳設如儀於廟門
內外設玉册袞冕幄次及設使副冪次設登鼓鐘磬
兩架及用導從八牙校旗鼓從物等視一品儀持節
者乘馬前導册使副騎從就本處差三獻官并選定
近上官一十員導行册輿如不足以次官充並公服
本處差捧册官二員讀册官一員至廟門外步入廟
中玉册幄次册使副奉玉册袞冕入次訖改服公服
禮生贊禮三獻官致祭樂作降神如今祭岳瀆之儀
應本處官屬並公服陪位立班北向以西爲上三獻
官致祭訖禮生引册使副出自幄次奉玉册袞冕由
正門入持節者去節依前導樂作升殿上門西褥位
樂止玉册在前袞冕次之使副立於其後禮生贊拜
殿下官屬並再拜禮生引册使當神座前立具銜某
奉敕册長白山神爲興國靈應王賜玉册袞冕言訖
少西立副使奉册案詣神前置褥位訖少退西立禮
生引册使至案南捧册官跪捧册讀册官跪讀册訖

樂作副使及捧册官同奉册匣入殿内安置訖出立
殿外少西樂止禮生又引副使奉衮冕至殿門外褥
位北向册使副同奉入殿樂作至殿内奉安訖置於
匱出立殿門外少西樂止少頃禮生引使副降殿持
節者加節依前導以出復門外位送神樂作一成止
禮生贊拜殿下祀官及羣官皆再拜以次退祝官焚
祝版幣如儀封册用八月二十日戊辰如有妨礙用
二十四日壬申每歲於春秋二仲月擇日降香致祭
其册文云皇帝若曰自兩儀剖判山嶽神秀各鍾於
其分野國將興者天實作之對越神庥必以祀事故
肇基王迹有若岐陽望秩山川於稽虞典厥維長白
載我金德仰止其高實爲我舊邦之鎮混同流光源
所從出秩秩幽幽有相之道列聖蕃衍熾昌迄於太
祖神武徵應無敵於天下爰作神主肆予沖人紹休

聖緒四海之內名山大川靡不咸秩矧王業所因瞻彼旱麓可儉其禮服章爵號非位於公侯之上不足以稱焉今遣某官某持節備物册命茲山之神爲興國靈應王仍敕有司歲時奉祀於戲廟食之享亙萬億年維金之禎與山無極豈不偉與豈不偉與金史禮志八祝文葢以發祥靈源作鎮東土百神所震羣玉之府勢王吾邦日隆丕緒祝典肇稱龍章時舉顯顯眞封巖巖祠宇神之聽之永膺天祐大金集禮三十五自是每歲降香命有司春秋二仲擇日致祭明昌四年十月備衮冕玉册儀物上御大安殿用黃麾立仗八百人

行仗五百人復册爲開天宏聖帝金史禮志八

古興國應聖公廟金大定二十五年有司言昔太祖征遼策馬徑渡江神助順靈應昭著宜修祠宇加賜封爵迺封神爲興國應聖公致祭如長白山儀大金集禮

三十七大定二十五年四月十三日奏請混同江太祖征遼策馬引軍徑渡蓋江神靈應之事雖有廟宇前來未曾封册擬再行修完加賜封爵奉敕旨舊廟修完仍封興國應聖公令學士院撰碑文用女直漢字刊寫二十六年六月五日奉敕旨册禮如保陵公依長白山致祭七月十九日行册禮故事又大定二十年十月三日敕旨山陵下蓋山神廟二十一年八月十七日敕旨封公以崇安爲名續奉敕旨改封爲保陵公二十二年四月二十八日行封册禮鷩冕八旒服七章三章在衣蟲火宗彝四章在裳藻米粉黼黻餘同冠冕圭册香幣使副持節行禮並如册長白山之儀其册文云

昔我太祖武元皇帝受天明命掃遼季荒茀成師以出至於大江浩浩洪流不舟而濟雖穆滿渡江而黿梁光武濟河而水氷自今觀之無足言矣執徐之歲四月孟夏朕時邁舊邦臨江永歎仰藝祖之開基嘉江神之效靈至止上都議所以尊崇之典蓋古者五嶽視三公四瀆視諸侯至有唐以來遂享帝王之尊稱非直後世彌文而崇德報功禮亦有當然者矧茲江源出於長白經營帝鄉實相興運非錫以上公之號則無以昭答神庥今遣某官某持節備物册命神爲興國應聖公申命有司歲時奉祀於戲嚴廟貌正

封爵禮亦至矣惟神其衍靈長之德用輔我國家彌億年神亦享廟食於無窮豈不休哉同上

古嘉蔭侯廟金大定二十五年敕封上京護國林神爲護國嘉蔭侯毳冕七旒服五章圭同信圭遣使詣廟以三獻禮祭告大金集禮三十七

大定二十五年四月二十日奉敕旨林神廟賜名護國嘉蔭侯逢七日令上京幕官一員燒香仍常修葺二十六年檢討到自昔封拜公侯雖有册命緣照得唐以來典故封五嶽四瀆爲王公會行册禮别不見封侯行册命之儀近世襃禮神靈亦止給衣冠不行册命至於王公之封例亦不行册禮兼侯爵品秩稍卑今擬嘉蔭侯止須給敕命降賜衣冠差人賫付本處長吏用祝版擇日祭告定到下項儀注毳冕七旒服五章三章在衣宗彝藻粉米二在裳黼黻玉圭同信圭長七寸廣三寸厚半寸祝文學士院撰香用黄香幣用白繒長一丈八尺行禮官清齋一日擇日

祭告前一日所司於廟中陳設如儀於廟門外設冠服幄次差官並本處官充內三獻官並本部差初獻委長官如缺即以次官外委本處就便差讀祝官一捧祝官二盥洗官二爵洗官二奉爵官一司尊彜一禮直官四以本處司吏充祭日丑前五刻行事執事官各就次掌饌者帥其屬實饌具畢凡祭官各服其服贊者引初獻官升自東階點視陳設訖退就次次引初獻以下詣廟南門外揖位立定贊禮者贊節次引祝入就堂下席位北向立次三獻入就席位西向立又引行事執事官就堂下席位北向立贊者曰再拜在位者皆再拜贊者請諸執事官皆就位次用祝升堂就位立定次引獻詣盥洗位北向立搢笏盥手帨手執笏詣爵洗位北向立搢笏洗爵拭爵以爵授執事者執笏升堂詣酌尊所西向立執事者以爵授初獻初獻搢笏執爵執尊者舉冪執事者酌酒初獻以爵授執事者執事者詣神位前北向立搢笏跪執事者以爵授初獻初獻執爵三祭酒奠爵訖執笏俛伏興少立次引祝詣神位前東向立搢笏跪讀祝讀訖執笏興退復位初獻再拜贊禮者引初獻復位次引亞終獻酌奠並如初獻之儀惟不讀祝不飲福受

胙贊者引初獻官詣神位前北向立執事者以爵酌清酒進初獻之右初獻跪祭酒啐爵奠爵執事者以俎進減神座前胙肉前脚第二節共置一俎上以授初獻初獻以授執事者初獻取爵遂飲卒爵執事者進受爵復於坫初獻興再拜贊者引初獻復位贊者曰再拜獻官以下皆再拜飲福受胙者不拜次引初獻以下就望瘞位廟令進神座前以俎載牲體並血黍稷飯詣瘞坎以饌物置於坎東西廂各二人實土半坎贊者曰可瘞又曰禮畢遂引初獻官以下奉毳冕服匣并敕命匣入殿內安置訖以出祝與執尊罍篚冪者俱復位立定贊者曰再拜訖遂出祝版燔於齋所其祝文曰蔚彼長林實壯天色廣袤百里惟神主之廟貌有嚴侯封是享歆時禋潔相厥滋榮是後遇月七日上京幕官一員行香著爲令同上

貞獻郡王廟金明昌五年正月陳言者謂頁噌古新

二賢刱置文直文字乞各封贈名爵建立祠廟令女直漢人諸生隨拜孔子之後拜之有司謂頁魯難以致祭若金源郡貞獻王古新則旣已配享太廟矣亦難特立廟也有旨令再議之禮官言前代無刱置文字入孔子廟故事如於廟後或左右置祠令諸儒就拜亦無害也尙書省謂若如此恐不副國家厚功臣之意遂詔令依蒼頡立廟於盩厔例官爲立廟於上京納爾琿莊委本路官一員與本千戶春秋致祭所用諸物從宜給之同上

永甯寺在今伯利下二千零二十里混同江東岸特

林地方西南距三姓三千五百餘里北距混同江口三百餘里明宣德八年太監亦失哈征服奴兒干及東海苦夷即今庫葉島奉勅建碑尚存别見金石門

吉林通志卷二十七

輿地志十五 風俗

吉林烏喇精騎射善捕捉重誠實尚詩書盛京通志一百五

性直樸習禮讓務農敦本以

國語騎射爲先弓挽八力發槍命中驍勇聞天下自嘉

慶五年添設滿合考試文風益振吉林外紀八

永吉州質樸氣剛人敦忠信盛京通志一百五

烏拉勤儉畏法騎射尤其所長同上尙勤儉明禮讓總

管衙門管下人採捕優長協領管下人精於騎射吉林外紀八

甯古塔性直樸善佃獵（盛京通志一百五）尚純實耕作之餘尤好射獵自漢字事件日增益競於文墨（吉林外紀八）

伯都訥俗貴直誠人精騎射（盛京通志一百五）風氣醞古人樸厚好騎射常於馬上擲木棒捕兔百發百中（吉林外紀八）

三姓諳水性喜佃獵（盛京通志一百五）好直爽善騎射槍技嫻習（吉林外紀八）

阿勒楚喀勤耕作嫻圍獵（盛京通志一百五）尚耕釣素稱魚米之鄉習禮讓嫻騎射務本而不逐末（吉林外紀八）

琿春儉樸相尚佃獵擅長（盛京通志一百五）舊無丁民亦無

外來民戶皆熟

國語騎射捕打海參海菜爲生少耕作四時射獵無虛

日尤嫻於槍吉林外紀八

拉林純樸相尚務農之餘熟嫻騎射同上

雙城堡習尚勤儉旗丁嫻熟耕作地利大興同上

士修禮義愛名節愿謹畏事專務讀書自學政蒞吉

以來文風寖盛新纂下皆同

農八力田少嗜好終歲辛勤不敢少休里黨和睦不

輕轉徙婚喪皆習儉樸樹藝之事頗嫌鹵莽而土地

肥饒收穫自倍新墾之荒得粟尤多

工匠亦工雕鏤凡土木石金銅錫之屬各極工巧象生人物尤擅其長

商賈多直隸山東西人亦間有江浙商人售南中土宜者土人服賈遠方惟販運人蔘鹿茸及各種藥材而已

冠禮向未舉行

婚禮先合婚旣吉納采日書男女年庚於紅箋曰庚帖盛以匣侑以布帛釵釧羊酒茶果之儀送致女家曰過定禮親迎前具送綵衣數襲曰過大禮先日備酒筵設鼓樂門外盛列儀仗置綵輿於道旁曰晾轎

女家備送匳儀曰過嫁妝及門主人盛服出迓揖讓而入待以賓禮婚日壻行親迎禮途遇井墓廟石障以氈婦入門向吉方降輿立弓矢於斗徧以紅氈鋪地直達寢室婦帕首胸負銅鏡立案右壻跪拜如儀前導婦抱寶瓶瓶置金銀五穀之屬又置鞍於門閾跨而過入房壻執秤竿揭帕行合卺禮並食水角曰管小飯日中婦家戚黨至婦出堂同壻祀竈拜舅姑族黨姻戚畢婦家備酒席俾共食侑以鼓吹曰管大飯繼娶前妻家亦如之晚食湯餅曰長壽麪次日婦以女紅獻翁姑及尊長姻婭有差曰散箱擇期同拜

祖墓繼姑嫜率新婦謁拜宗戚鄰里皆賜以佩戴之物女家贈嫁豐儉惟力是視嫁期親知各贈釵環陳設諸物曰添箱嫁前日送妝戚舊男婦各數人從曰新親妝匳厚者費用不貲嫁次日戚屬仍往曰裝枕頭數日延壻及女款以盛饌曰回門月後迎女曰住對月歸時以鍼黹分餽長幼此婚姻之大較也滿蒙舊俗不用婚書納聘曰壻必親至婦家謁婦父母及尊長謂之磕頭婦家酬以幣帛鍼黹文繡等物餘與民俗同唯結婚多在十歲內過期則以爲晚

喪日先擇入殮之期及殃煞起落一切避忌曰開殃

榜合族戚服三日親朋持香楮來弔喪家具飲食款之午後送靈於廟鼓樂前行次則儀仗僧道祭品扎彩又以紙繒爲冥具執刑杖捧香鑪者各數人以青紗輿篋舁靈位男女孝服以從戚友亦至曰送三三或作山以其送葬於山也閱六日爲迎七仍用鼓樂備筵席姻舊戚集夕設祭於煙筒下合族哭拜曰上望嗣後每七日舉祭禮曰辦七俗好作佛事不惜鉅貲以七七爲度擇期發引高建樓棚殯之前三日爲展弔門外設鼓樂列儀仗立銘旌親鄰皆至次日成主家祭延齒德爵者點主先日酬奠紙楮屏幛羽葆

之屬以多爲上殯日以十六人舁銘旌結綵爲樓以六十四人舁靈柩至先塋安葬日出大扛一切儀節皆稱家之有無爲增減

葬後三日復往負土培墳曰圓墳事畢孝子踵謝各親友百日周年祭拜培土於墓亦有餽送賻儀者此喪葬之大概也八旗舊風不奉木主亦無銘旌惟於院中立桿掛幡每日叩奠三次餘與民禮同

祭祀典禮滿洲最重一祭星一祭祖至春秋祭則前一日以黍米俗名黃米煮熟搗作餅曰打餻薦享後以食合族並親串以族人爲察瑪戴神帽繫裙搖鈴持鼓跳舞口誦吉詞衆人擊鼓相和曰跳家神及祭磨黃

米麪作小餅內實豆餡外裹蘇葉以之奉先曰蘇子葉餑餑餘與春秋祭同惟蒙古祭品豬羊並用一切儀節亦與滿洲相似民間多因事故始刑牲祀神或先人誕辰忌日設祭於家鮮有立祠廟者

滿洲無論富貴士庶其內室必供奉神牌只一木版無字亦有用木龕者室之中西壁一龕北壁一龕凡室南向北向以西方爲上東向西向則以南方爲上龕設於南龕下有懸簾幃者俱以黃雲緞爲之有不以簾幃者北龕上設一椅椅下有木五形若木主之座西龕上設一杌杌下有木三春秋擇日致祭謂之

跳神其木則香盤也祭時以香末灑於木上燃之所跳之神人多莫知相傳以爲祭祖按所奉之神首觀世音菩薩次伏魔大帝次土地是以用香盤三也其禮前期齋戒祭用豕必擇其毛純黑無雜色者及期未明以豕置於神前主祭者捧酒尊而祝之畢以酒澆豕耳豕動則吉否則復叩祝曰齊盛不潔與齋戒不虔與或有不吉將牲未純與下至細事一一默祝以牲動爲限卽於神前割牲豕熟按首尾肩脇肺心列於俎各取少許置大銅盌名阿瑪尊肉供之行三跪三獻禮主祭者前次以行輩序立婦女後之免冠

叩首有聲禮畢即神前嘗所供阿瑪尊肉蓋受胙意也至晚復獻牲如晨禮撤燈而祭名避燈肉其禮祭神之肉不得出門其骨與狗狗所餘夜棄戸外亦有焚爲灰而埋者惟避燈肉則以送親友云是日饗客客食畢不謝唯初見時道賀而已客去亦不送

又祭桿置丈餘細木於牆院南隅置斗其上形如淺椀祭之次日獻牲於杆前謂之祭天男子皆免冠拜婦人則不與其斗中切豬腸及肺肚生置其中用以飼烏每祭烏及鵲來食錫斗之上杆梢之下以豬之喉骨横銜之再祭時則以新易舊而火之祭之第三

日換鎖換鎖者換童男女脖上所帶之舊鎖也其鎖以線爲之

燕會親賓近尚奢麗時節餽問之外復有賻喪賀婚祝壽諸禮他如懸額營宅亦皆受賀交際往來視昔繁重

八旗子弟讀書之外兼習騎射近復設局延師射鵠角勝俾技藝熟嫺以備三音哈哈之選

生子三日浴兒親友餽以雞子麪食曰送粥米主人作湯餅款之曰食喜麪彌月親友各攜金錢繡繢兒飾相賀曰滿口主人仍備酒饌酬之百日作蒸食謂

可生發周晬列筆墨玩具於前令兒隨意檢取以觀志向往患痘類不治自設牛痘公局保全者多

立春前一日有司率屬迎勾芒春牛於東郊天壇行鞭春禮

元旦旗民於昧爽前盛服焚香祭祖禮神炸聚爆竹爲之爆鼓樂之聲徹夜不絶天明親友互相賀歲車馬絡繹

二日黎明商戶祀財神然炸爆院中建席棚祀天地神祇前植松樹二株或四或六不等皆高丈餘上貼桃符張設燈綵富家門亦爲之

六日商賈開市半日

十五日爲元宵節以粉餈祀祖先街市張燈三日金鼓喧闐燃冰燈放花爆陳魚龍曼衍高蹺秧歌旱船竹馬諸雜劇是日男女出游塡塞衢巷或步平沙謂之走百病或聯袂打滚謂之脱晦氣入夜尤多

二十五日爲添倉煮黍飯焚香楮祀倉廒曰祭倉鄉間尤甚

二月二日俗謂龍擡頭婦女忌鍼黹是日多食豬頭啖春餅

正二月内有女之家多架木打秋千曰打油干

清明日家無貧富必攜酒饌墓祭培墳土壓紅楮於馬鬣之前是日城隍出巡以肩輿舁神像至西關行宮童男女荷校跪迎道側悔罪祈福

三月三日城北元天嶺眞武廟會演劇報賽嶺巔磚壁高丈餘寬八九尺中嵌白石象坎卦以鎭城中火災又是日爲仙人堂會又爲三皇廟會城鄉瞽者均往祭神不到者罰

十六日山神廟會各蔘戸醵貲演戲山村具牲醴祀神者尤衆

二十八日東嶽廟會祀神演劇游人甚多

四月十八日東關娘娘廟會婦女焚香還願有獻神袍幔帳金銀斗替身人等物小兒七八歲每於此日留髮屬兒立凳上僧人以笥擊頂喝令急行不許回顧曰跳牆

二十八日北山藥王廟會男女出游演戲旁設茶棚食館尤衆婦女爲所親病許願由山麓一步一叩直造其巔游人挈酒榼聚飲林中興盡始返亦一盛會也

端陽節門戶懸蒲艾包角黍食糯米餻飲雄黃酒門楣掛葫蘆婦女以綵絲爲帚以五色緞製荷包葫蘆

諸小物簪髻上或以布作虎繫兒肩皆除災辟沴之意龍潭山櫻桃熟士女渡江登覽備酒暢飲日暮方歸

十三日俗謂關帝單刀會北山廟演劇前一日俗謂磨刀期雖旱必雨

六月六日蟲王廟會各菜園備牲醴祭神祈年賽願是日多有曬衣曝書者

十九日觀音堂會各旗協領參領董其事演戲祀神旁設茶樓中建高棚以蔽炎日

二十四日北山關帝廟會演戲咸往登臨藉以消暑

七夕婦女陳瓜果以綵縷穿鍼乞巧

中元節男女祭墓會族人食餕餘北山作盂蘭會夜燃燈徧置山谷燦若列星江中以船二載荷花燈燃燈順流如萬朵金蓮浮於水面船僧唄經鐃鈸鼓吹並作士民競覩接踵摩肩是日舁城隍神出巡與清明同

中秋節鮮果列市皆販自奉天醫巫閭山購以供月戚友以月餅等物相餽是日合族聚食不出外曰過團圞節

九月九日食菊花餻以麪合糖酥爲餅凡數層上黏

菊葉每層夾以果仁山査葡萄青梅諸物（又名九花餻）元天嶺演戲士女登高其三皇廟仙人堂各會與上巳同是月人家糊窗醃菜治竈多蓄白菜煮以沸水置缸中以石壓之日久則味酸質脆爽若哀梨爲禦冬之用

十七日財神誕辰供桃麪雞魚各商赴廟祭拜演劇敬神觀者如堵

十月朔日展墓祀祖謂之送寒衣舁城隍神出巡與中元節同開粥廠散棉衣以濟窮黎

十一月江冰沿江旅店因岸爲屋鑿冰立栅以集行

入市售獐狍鹿豕雉魚之屬居人購作度歲之饈並爲餽禮

十二月八日諺稱臘八雜米合棗栗果仁煮粥亦有食黍米飯者前數日功德院僧人沿門乞米謂化臘八粥以食院中養濟所之窮民

二十三日夜祀竈神供餳餻放炸爆謂之過小年前後數日家以肉糜裹麪作水角曰包角子以餔包麵蒸餻曰蒸餑餑與魚肉殽蔬俱先儲備必足半月之需

除日清晨千門萬户氣象同新鼓樂沿門賀歲午後

列神主懸遺像設供祭拜並祀諸神炸炮之聲不絶
晚間內外燃燈親友交賀曰辭歲三更方罷人家有
未墓祭者是夜在巷口焚化冥資曰燒包袱嗣則合
族拜賀各分歲錢團聚飲食亦有終夜不寢者謂之
守歲

劉綸恭和

御製吉林土風雜詠十二首元韻

威呼　葦航不信詠葩經獨木眞逾三板輕橫比龍
梭池乍躍挾疑馬阜陸堪行刳木爲小舟剡木兩頭爲槳左右按抑而行
廠邊老樹空腔影江上平波滑笏聲來往松花綠痕

剪膠杯小寓陋莊生

呼蘭　家家帶得雲霞氣栲栳當簷籔厚均截木中空引炕煙出之上覆荆筐以禦雨雪墐戶易熏先作計煙樓難跨漫防人尾焦莫訝孤桐剩眼窓還編六枳頻壓上迎神司命醉木居士合記分身

法喇　崢嶸霜雪利經過製備舟車互用多炙輠無由聽轆轆推蓬有分見巖巖一夫雀啄身先挽數客雞棲足免蹉行冰雪中無車無輪俗呼扒犂淨業湖頭尋好景冰牀喚渡較如何

斐蘭　不須昔榦更膠絲閭史懸門小試之臂彀短

欒聊復爾腰橫大羽亦何爲以榆柳爲小弓童而習之別刻荆蒿綴雉羽曰鈕勘四方有志徵初服百戲俱陳誡誤兒窩集分明材易給學箕不待教先施

賽斐　匠心一已始誰爲不劇而廉適所宜木匕長四寸許曲柄豐末兼匙杓之用　摶飯故應嫌手澤嚃羹兼恐累觀頤四酏注液霞翻杓九粺抄香雪滑匙半　擬陶匏微拗頸古風常見席前時

額林　庋誇鄰架與郇廚藏弆楣閒事事俱中霤何會妨藻井承塵焉用飾雕觚楣閒橫板猶古庋閣儘教作供訛龕象未遺投棲詫屋烏對此詞臣增健羨書倉傳處

省他圖

施函　合抱楞然詎不材剜中餘地見恢恢漢隂灌甕深勞汲蜀國郫筩淺貯醅截大木爲筩貯水釀酒皆用之漏義恆河豯桶脫巵言宿海憶槎迴若虛自是天全質喬木邠岐識厚培

拉哈　易著連茹詩詠絢誰云圬技賤還勞一絲不掛謀誠淺百堵皆興構詎牢升木附塗艮自便霑泥敗絮豈相遭綴麻草堵間緣以施墁也南人未解綢繆意指點青蕢晾壁高

霞綳　箕中揚簸筌邊塗司爟何煩束縕焉以糠和膏傳蓬

梗爲燭者膩恥魚膏驚懶婦枯憐木枿引光奴廡春棄叢

添新碧壁陣留煤認舊烏繼晷轉教薪代蠟可知奢

儉意懸殊

谿山側理甯論鵠水籆楮皮縈骨總稱便搗苧絮爲紙堅

鞞如章千椎出臼金花細百弓披簾玉版堅端合編韋

尊古東那容覆瓿付時賢巘原舊俗多圖誌真蹟全

憑粉本傳

羅丹拔壺超距擅殊稱角衆還從腕脫輿雉叫盧

呼材已下麈驚鹿駭技常勝俗以麈鹿蹄腕骨隨手攤擲視偃仰横側爲勝

負四奇衍陣宜推石其用薄圓石擊之則曰帕格雙隊爭衡好蹴

冰應笑井公無別譜匼匼瓦注敢程能

周斐　艮工度木早留皮埏埴翻資級緝爲采樺皮以代覆瓦體輕而工省著屋霜雪紛似畫移居風雨便如碁蔑樓未占三間勝瓢室無踰十笏宜七月篇中歌入處補牋端籍

御題知

盛京通志

一百二十三

汪由敦恭和前題元韻

威呼　落葉浮漚匠意經刳來獨木體原輕憑教有力趨能負好放中流穩獨行擊汰浪花翻雪色貫槎星漢瀉風聲但容刀處看飛渡不待前溪新水生

呼蘭　浮煙曲突供炊便立木前縈入望均表宅便疑封比戸熱中知復恥因人朝暉一縷氤氳起暮雨千家點滴頻幾許翹薪供爨下條枚錯認此分身

法喇　層冰積雪慣經過深巷交衢立待多載弛負擔裝磊磊行教叱馭儼峩峩當無自有車之用（借用老子語）忘折偏知屐易蹉漫比耕犂賦秧馬罽帷紅板較如何

斐蘭　蒿矢榆弓控以絲左支右絀習安之勝衣便勵蓬桑志佩韘偏工彀率為舊俗羣師射雕手少成爭羨窩聲兒挽强命中他年事百步千鈞待展施

賽斐　昭儉非關襲古爲授餐棘匕席端宜漫因借箸前陳計從勸加餐笑解頤肥羜乳豚膏滿案芹香雲子滑流匙誰敎踵事增髹漆羅列金銀又一時

額林　無多長物出東廚庋板依楣什襲俱大抵茗甌兼樺篋那爭漢鼎更周觚落泥粱上妨巢燕映日窗間轉相烏蛛網煙煤勤掃拂橫添四壁是新圖

施函　楞腹何曾棄不材能容端取量中恢厚儲擔石積升斗滿貯虀鹽釀醞醅穩置座隅憑取給移安甖下幾巡迴田家老瓦盆堪並質素風宜奕世培

拉哈　斫蔴綴壁擬胥綯百堵與時亦孔勞塗墍不

求工粉飾綢繆惟取得堅牢肯教剝落年時久更耐
橫斜雨雪遭若使續成垿者傳柳州命意未爲高
霞綳　熒煌列炬徧脂塗春皺餘資秉燭需束緼有
光分里婦燎鬢無意責童奴增華絳蠟誇龍鳳繼晷
寒窗閱覶烏花綴玉蟲開四照濃煙甲煎未應殊
谿山　不數成都十様箋蔡倫遺法頗稱便鋪來似
雪光能透障處無風質自堅制草白麻宣並相帖羃
繭紙慕羣賢金花蠟印原非貴楮氏淵源有正傳
羅丹　博奕猶賢聖所稱鹿麞骨戲故鄉興成驍壺
矢天爲笑呼轉梟盧技絶勝席上手翻溫似玉座間

指撥瑩於冰莫言優劣紛無定智巧其中各擅能

周斐　梓材樸斵尚連皮棟宇垣墉樺木爲板屋詩

惟傳似玉竹樓記不數聽碁茅茨儉德覃

王化陶復先型溯土宜舊社枌榆縈

睿思豳居經始

紹聞知上同

風俗總載

烏拉頗稱饒裕其市以銀布不以錢其居聯木爲柵

上覆以板復加以草牆壁亦以木爲之污泥其上地

極苦寒屋高僅丈餘獨開東南扉一室之内炕周三

面煴火其下寢食起居其上雖盛夏如京師八月時地宜穀宜稷宜稗三月播種八月穫刈蓋三月之前地凍未開八月以後隕霜殺草于耜與滌場時不過四月有餘不施糞漑不加耕耨可足終歲之用土膏肥沃可知扈從東巡日錄下

虞村居人二千餘戸皆八旗壯丁夏取珠秋取蔆冬取貂皮以給公家及王府之用男女耕作終歲勤動亦有充水手拏舟漁戸捕魚或入山採樺皮者其食甚鄙陋其衣富者不過羔裘紵絲細布貧者惟麤布及貓犬獐鹿牛羊之皮間有以大魚皮爲衣者同上

五穀俱生惟無稻米四月初播種八月內俱收穫矣
農隙俱入山采樵以牛車載歸足來歲終年之用乃
止雪深冰凍則不用車因冰滑故用扒犂似車而無
輪仍駕牛在冰地上行速而且穩暇則采松子並取
火絨絨生於木癭中取之可盈掬或開窰燒炭或伐
大樹作器用無瓦器其盞碟盆盎澡盤之屬俱以獨
木爲之油用蘇子油似紫蘇子亦有麻油稍貴無燭
點糠燈其製以麻梗爲本蘇子油查及小米糠拌勻
黏麻梗上曬乾長三四尺橫插木架上風吹不息不
知養蜜蜂有采松子者或采樵者於枯樹中得蜂窩

其蜜無數漢人教以煎熬之法始有蜜有蠟遇喜慶事漢人自爲蠟燭滿洲人亦效之然無賣者大小人家做黄虀湯每飯用調羹不用箸調羹曰差非叉曰匙子喫碗茶乃用箸箸曰义不哈碗曰麽樂出門者腰帶必繫小刀匙子袋火鐮袋手帕等物小刀曰呼什火鐮曰鴉他庫袋曰法拕手帕曰封枯甯古塔紀略

甯古塔屋皆東南向立破木爲牆覆以莎草厚二尺許草根當簷際若斬緰大索牽其上更壓以木蔽風雨出瓦上開户多東南土炕高尺五寸周南西北三面空其東就南北炕頭作竈上下男女各據炕一面

夜卧南爲尊西次之北爲卑曉起則疊被褥置一隅覆以氈或青布客至共坐其中不相避西南窗皆如炕大糊高麗紙寒閉暑開兩廂爲碾房爲倉房（滿語曰哈勢）爲樓房（用貯食物）四面立木若城名曰障子以柵爲門或編樺皮或以横木廬舍規模無貴賤皆然惟有力者大而整耳（柳邊紀略）

甯古塔臨江而居以木爲城地極寒八月即雪度清明冰乃解人勁勇重信義道無拾遺人不敢私鬬官民相習獄無枉繫宛然有陶唐氏之風焉（扈從東巡日録下）

其地寒苦自春初至三月終日夜大風如雷鳴電激

塵埃蔽天咫尺皆迷七月中有白鵝飛下便不能復起不數日卽有濃霜八月中卽下大雪九月中河盡凍十月地裂盈尺雪纔到地卽成堅冰雖白日照灼不消初至者必三襲裘久居卽重裘可禦寒矣至三月終凍始解草木尚未萌芽甯古塔紀略

甯古塔交易銀數不計奇零如至兩則不計分釐至百十則不計錢分食用之物索於所有之家無勿與直一兩以上者價之不則稱謝而已若有而匿不與人或與而不盡則人皆鄙之柳邊紀略

俗不用銀錢銀則買僕婦田廬或用之錢則外夷來

貢時求作頭耳之飾至粟豆交易或鍼或綫或煙筒大則布裕如也相見不揖從者皆坐坐以炕别每有需則與之無則拒之不懟也受所與必思有以酬之相遇必歟歟自道一酬卽泰一鬱酬布帛所不計矣

絶域紀略

八旗之居甯古塔者多良而醕率不輕與漢人交見士大夫出騎必下行必讓道老不荷戈者則拜而伏過始起道不拾遺物物遺則拾之置於公俟失者往認焉馬牛羊逸三日不歸則牒之公或五六月之久尚能歸惟躪人田則責牧者罰其直雖章京家不免

焉同上

百里往還不裹糧牛馬不攜粟草隨所投如舊主人焉主人隨所供不責報亦無德色同上

凡各村莊滿洲居者多漢人居者少凡出門不齎路費經過之處隨意止宿人馬俱供給少陵所謂馬有青芻客有粟也如兩人遠出少年者服事年長者二人同行最幼者服事其稍長者亦公然坐而不動等輩彼此稱呼曰阿哥有呼名者稱年高者曰馬發朋友曰姑促父曰阿馬母曰葛娘大伯曰昂邦阿馬叔曰曷克赤子曰濟女曰父而漢濟甥曰濟須卽哈夫

曰愛根妻曰乂而漢男人曰哈哈女人曰赫赫兄曰
阿烘弟曰多嫂曰阿什姊曰格格妹曰那小厮曰哈
哈朱子了頭曰乂而漢朱子好曰山音不好曰曷黑
喫飯曰不打者夫喫肉曰煙立者夫喫酒曰奴勒惡
米喫燒酒曰阿而乞惡米讀書曰必帖黑呼辣米射
箭曰喀不他米書曰必帖黑筆曰非墨曰百黑紙曰
花傷硯曰硯洼金曰愛星銀曰蒙吾錢曰濟哈水曰
目克木曰木土曰鼈烘火曰托炭曰牙哈有曰畢無
曰阿庫是曰音啫不是曰洼喀富曰拜央窮曰呀打
人曰亞馬坐曰突立曰衣立行曰弗立米走曰鴉波

睡曰得多蜜去曰根吶蜜來曰朱要曰該蜜不要曰該辣庫小曰阿郎格大曰昂邦買曰烏打蜜賣曰溫嗟蜜兩曰央一曰碣朮二曰朱三曰衣朗四曰對音五曰孫査六曰倭我七曰那打八曰甲工九曰烏永十曰壯百曰貪吾千曰銘牙萬曰土墨貂皮曰色克人薓曰惡而訶打流人閒有逃歸者人遇之亦不告有追及者諱云自反亦不之罪大率信義爲重路不拾遺頗有古風寧古塔紀略

凡卧頭臨炕邊腳抵窗無論男女尊卑皆並頭如足向人則謂之不敬惟妾則橫卧其主腳後否則賤如

奴隸亦忌之頭不近窗者天寒窗際氷霜曉且盈寸近窗衾裯亦爲寒氣所逼每不乾乃知頭臨炕邊亦不得已近見炕皆外高内低覺更便但不甚闊人稍長便須斜卧而絶無增廣之者柳邊紀略

房屋大小不等木料極大只一進或三間五間或有兩廂俱用草蓋草名蓋房草極長細有白泥泥牆極滑可觀牆厚幾尺然冬間寒氣侵人視之如霜屋内南西北接繞三炕炕上用蘆席席上鋪大紅氊炕闊六尺每一面長二丈五六尺夜則横卧炕上必並頭而卧卽出外亦然橱箱被褥之類俱靠西北牆安放

有南窗西窗門在南窗之旁窗戶俱從外閉恐夜間虎來易於撞進靠東邊間以板壁隔斷有南北二炕有南窗即爲內房矣無椅杌有炕桌俱盤膝坐客來俱坐南炕無作揖打恭之禮相見惟執手送客垂手略曲腰如久別乍晤彼此相抱復執手問安如幼輩兩手抱其腰長者用手撫其背而已如以右手撫其額點頭爲拜如跪而以手撫額點頭爲行大禮寧古塔紀略

滿洲有大宴會主家男女必更迭起舞大率舉一袖於額反一袖於背盤旋作勢曰莽勢中一人歌衆皆

以空齊二字和之謂之曰空齊蓋以此爲壽也每宴客坐客南炕主人先送煙次獻乳茶名曰奶子茶次注酒於爵承以盤客年差長主長跪以一手進之客受而飲不爲禮飲畢乃起客年稍長於主則亦跪而飲飲畢客坐主乃起客年小於主則主立而酌客客跪而飲飲畢起而坐與席少年欲酌同飲者與主客獻酬等凡飲酒時不食飲已乃設油布於前名曰劃單卽古之單也進特牲以解手刀割而食之食已盡賜客奴奴席地坐叩頭對主食不避柳邊紀略

俗尚齒不序貴賤呼年老者曰馬法馬法者漢言爺

爺也呼長者曰阿哥新歲卑幼見尊長必長跪叩首尊長者坐而受之不爲禮首必四叩至三則跪而昂首若聽命者然尊長者以好語祝之乃一叩而起否則不起也少者至老者家雖貧必隅坐隨行出遇老者於途必鞠躬垂手而問曰賽音賽音者漢言好也若乘馬必下俟老者過老者命之乘乃敢避而乘宴會必子弟進食行酒不以奴僕客受之亦不酢上同除夕幼輩必到長者家辭歲叩頭受而不答等輩同叩元旦城門必嚴列旌旗弓矢以壯威武家家必於半夜賀歲如遲至午便爲不恭矣甯古塔紀略

上元夜好事者輒扮秧歌秧歌者以童子扮三四婦女又三四人扮參軍各持尺許兩圓木戛擊相對舞而扮一持傘燈賣膏藥者前道旁以鑼鼓和之舞畢乃歌歌畢更舞達旦乃已柳邊紀略

歲除必貼紅紙春聯聯貴四六歲易新句或與舊稍同則不樂上同

清明掃墓富貴者騎馬乘車貧賤者將祭品羅列炕桌上女人戴於頭上而行雖行數里不用手扶而自不傾側即平日米糧箱籠俱以頭戴上同

有疾病用草一把懸於大門名曰忌門雖親友探望

只立於門外問安而去甯古塔紀略

婚姻擇門第相當者先求年老爲媒將允則男之母徑至女家視其女與之簪珥布帛女家無他辭男之父乃率其子至女之姻戚家叩頭姻戚家亦無他辭乃率其子姓羣至女家叩頭金志所謂男下女禮也女家受而不辭辭則猶未允也既允之後然後下茶請筵席此男家事也女家惟賠送耳結婚多在十歲內過期則以爲晚柳邊紀略

遇婚喪喜慶等事無緘帖無鼓樂無男女儐相訂婚時父率子同媒往拜婦之父母次日女之父亦同媒

答拜行聘名曰下茶俱用高桌上鋪紅氈茶果紬緞布疋仍用盤放桌上多至數十桌貧富不等羊酒必需嫁時妝奩如箱匣鏡臺被褥之類亦置高桌上兩人扛之娶親用轎車仍挂紅緑紬婦入門只拜公姑無交拜禮如漢人請親戚扶新人行禮滿洲人家喜筵宴客飲至半酣時婦女俱出進酒以大碗滿斟跪於地奉勸俟飲盡乃起生子滿月下搖車其製以篩板圈做兩頭每頭兩孔以長皮條穿孔内外用彩畫並懸響鈴之類内墊薄板懸於梁上離地三四尺用帶縛定小兒使不得動哭則乳之不已則搖之口念

巴不力喪事將入殮其夕親友俱集名曰守夜終夜不睡喪家盛設相待俟歛後方散七七內必殯父母之喪一季而除以不雉頭爲重甯古塔紀略

糠燈俗名蝦棚以米糠和水順手黏麻稭逆手黏則不可燃曬乾長三尺餘插架上以三歧木爲架鑿空其端橫糠燈於中或木牌削木牌鑿數眼光與燭等柳邊於上懸之梁下紀略

扒犂土人曰法喇以木爲之犂有駕車而無輪轅長而輭雪中運木者也駕以牛同上

煙囪多以完木之自然中虛者爲之久之碎裂則護以泥或藤縛之土人呼爲摩訶郎同上

童子相戲多剔麞麅麋鹿前骽前骨以錫灌其竅名嘎什哈或三或五堆地上擊之中者盡取所堆不中者與堆者一枚多者千少者十百各盛於囊歲時閒暇雖壯者亦爲之同上

凡大小人家庭前立木一根以此爲神逢喜慶疾病則還願擇大豬不與人爭價宰割列於其下請善誦者名义馬向之念誦家主跪拜畢用零星腸肉懸於木竿頭將豬肉頭足肝腸收拾極淨大腸以血灌滿一鍋煮熟請親友列炕上炕上不用桌鋪設油單一人一盤自用小刀片食不留餘不送人如因病還願

病不能愈卽將此木擲於郊外以其不靈也後再逢喜慶疾病則另樹一木有跳神禮每於春秋二時行之半月前釀米兒酒如酒孃味極甜磨粉作餻餻有幾種皆略用油煎必極其潔淨豬羊雞鵝畢具以當家婦爲主衣服外繫裙裙腰上周圍繫長鐵鈴百數手執紙鼓敲之其聲鏜鏜然口誦滿語腰搖鈴響以鼓接應旁更有大皮鼓數面隨之敲和必西向西炕上設炕桌羅列食物上以線橫牽線上挂五色紬條自早至暮曰跳三次凡滿漢相識及婦女必盡相邀三日而止以祭餘相餽遺甯古塔紀略

滿人有病必跳神亦有無病而跳神者富貴家或月一跳或季一跳至歲終則無有弗跳者未跳之先樹丈餘細木於牆院南隅置斗其上謂之曰竿祭時著肉斗中必有烏來啄食之謂爲神享跳神者或用女巫或用冢婦以鈴繫臀後搖之作聲而手擊鼓鼓以單牛皮冒鐵圈有環數枚在柄且擊且搖其聲索索然而口致頌禱之詞詞不可辨禱畢跳躍旋轉有老虎回回諸名色供祭者豬肉及飛石黑阿峰飛石黑阿峰者黏穀米餻也色黃如玉質膩糝以豆粉蘸以蜜跳畢以此徧餽鄰里親族而肉則拉人於家食之

以盡爲度不盡以爲不祥柳邊紀略

跳神猶之乎祀先也率女子爲之頭帶如兜鍪腰繫裙纍纍帶諸銅鐵搖曳之有聲口喃喃鼓嘈嘈以竿綰細布片於炕而縛一豕以酒灌其耳與鬣耳鬣動即吉手刃之取其腸胃而手捹之亦有吉凶兆女子韶秀者亦如歌舞狀老則厭男子更厭矣馬神則牽馬於庭中以紅綠布帛緜繫其尾鬣而喃喃以祝之云跳畢則召諸親戚啖生肉酌以米兒酒盡醉飽不許懷而出其戶曰神怒也絕域紀略

伊車滿洲居混同江之東地方二千餘里無君長統

屬散居山谷間其人勇悍善騎射喜漁獵耐饑寒苦辛騎上下崖壁如飛每見野獸蹤跡躡而求之能得潛藏之所又刳木爲舟長可丈餘形如梭子呼爲威忽施兩頭槳捕魚江中往來如駛扈從東巡日錄

衣朗哈喇東北五六百里爲呼兒喀又六百里爲黑斤又六百里爲非牙哈總名烏稽其人最喜大紅盤金蟒袍及各色錦片妝綴其所衣魚皮極輭熟可染成五色糯米珠並銅錢響鈴縫於衣旁行動有聲彼此稱呼曰安答黑斤人留髮梳髻耳垂大環四五對鼻穿小銀環所產貂皮爲第一富者多以雕翅蓋屋

貂皮爲帳爲裘元狐爲帳狐貉爲被褥非牙哈亦留髮男婦不著褌耳垂大環鼻穿小環所產貂皮略次以樺皮爲船止容一人用兩頭槳如出海捕魚則負至海邊置水中遇風便歸呼兒喀則薙頭男人帶環者少所產貂鼠爲次惟黃狐黃鼠魚肉乾頗佳此三處俱無官長約束爲人愚而有信義有與店家賒紬緞蟒服者店主擇黑貂一張爲樣約來年照樣還若干至次年必照樣還清有他故亦必託人寄到相去千里又非舊識而不爽約如此寧古塔紀略

三姓在吉林東北距省一千二百里再北爲黑河口

距三姓亦一千二百里松花黑龍二江之水同入此口而北流入海左爲松花其色白右屬黑龍其色黑黑者較白者每斤重四兩兩水滙流而不相混爲足異焉河口東西一帶爲赫哲部落亦曰黑金俗以其人食魚鮮衣魚皮呼爲魚皮達子其地縱横三千餘里而東西嶠長山嶺迴環林木叢雜河水分流縈繞多難詳紀其名其部落無酋長統轄亦無文字人各山居野處無歷書每至河冰開後見河中有搭巴哈魚過方知爲一年不畜牛馬豕羊惟犬最驍猛且善捕捉性戇誠勇健而能有忍絶無忿戾爭鬭之風無

廬舍以木爲架覆以茅或葢以樺皮四周亦以木皮裹之大如一間屋而數口棲聚於中謂之曰磋落居無定處或一月一遷或終歲數遷如移動則男婦四五人負之而去人家無貧富相懸者有酒三二百斤貯甕中或有皮樓三四座便稱富戶皮樓者以椽爲架高如屋打獲野獸剝肉食之而晾其皮於上其家男子則閒居安處操作皆以婦女任之至貧苦者則男婦齊力服勞其男無論老幼皆嗜酒酒產吉林境內道遠難運故其價至此而愈昂其地土性寒凝春晚霜早不產五穀春夏取河魚爲食秋冬捕野獸爲

食魚乾鹿肉家家堆積爲糧焉衣服用布帛者十無一二寒時著狍鹿皮煖時則以熟成魚皮製衣服之客人販布於此每疋可換貂皮一二張故不常服用至魚皮熟成則輭如棉薄而且堅又婦女善製荷包腰褡及蹋蹋馬等物俱用魚皮縫就鑲以雲捲染成紅緑色亦鮮明其人家婚娶離女家或數里或數十里不等壻自棹小船一葉沿流往女家親迎女之母隨女同來過三日接女與壻返其家留住一月始送歸自此則不相聞問卽有時相遇亦疏如路人矣父母死以白布縫長枕又作白纛合家守哭哭甚哀逾

七日服滿而除其小兒甫落胎卽取冷水洗之過滿月雖嚴冬亦如此謂長大能耐寒產婦分娩後卽操作如常亦不生疾病婦女俱好裝飾頭上編髮爲羣辮四圍盤繞復以紅繩纏之其中亦多有美麗者惟兩足常跣服長衣拖地邊幅皆釘以海貝匾螺或銅錢舉步卽錚鏦有聲以爲美飾其地夏無酷暑然人常以魚腥爲食胃火最盛故至六七月間則身熱如焚時浴於河以解之其尋常炊爨用茅草材木雖多不肯砍伐留刻其祖宗之像截木長尺許其上刻圓如頭顱劃成眉目略似人形置於磋落犄角處多有

十餘枚者其家爭呼之爲祖宗年久多著靈異如過客誤犯則立患青盲數日成聾廢雖禱無效一年數祭祖祭時惟以一鹿而已其器物少瓦缶多刳木爲之或縫木皮爲筐簍亦精緻可觀其渡水之舟曰撥子俗名大紅船剡樺木皮縫作雞卵形而平其底長六尺餘只可容二人一人坐於中一人前立搖楫一日可行數百里惟乘舟者須兩手扶背常持撥舟者之脛乃保無虞否則傾側落水不及撈救矣其捕獸之器曰蹋板赫哲地濱北海天氣早寒重陽後即落雪花迨十月則徧地平鋪可深數尺土人以木板長

五尺貼縛兩足跟手持長竿如泊舟之狀划雪上前進則板乘雪力瞬息可出十餘里雪中乏食則野獸往來求食多留其跡凡逐貂鼠各獸十無一脫運轉自如雖飛鳥有不及也其引重之器曰狗爬犂形如小車而無輪以細木性韌者削兩轅前半翹起上彎後半貼地處置四柱與四匡鋪之以板如運重物則於上彎處駕犬二人在上以鞭揮之其速逾於奔驥男女年十一二歲其父母即教以燃槍捕獸故槍法精絕擊物有準凡商販於此者路旁無旅店惟尋磋落投宿焉其人氣體健壯自來不發痘疹然發則難

治間有小兒忽出天花則父母輒棄而他徙蓋恐爲其傳染耳鄰省官役有事過此派其土人執役謂之抓官令負重撥舟奉命惟謹或稍有違忿雖痛撻無怨其俗最以中上爲尊分上下邦見老者呼爲爺爺少壯者呼爲叔叔卽商旅販易者亦許抓官供驅使之且極恭順凡三姓旗丁民人年年來此貿易謂之換黑金利可數倍而所販不過食用零星各物其中惟脂粉紅繩尤多以俗皆好裝飾婦人也每人一名於每年貢貂皮一張每於仲冬將軍派員就近前往賜宴用木几長排兩行每人燒酒一壺鹽豆一器

以示懷遠之恩其人叩頭起立飲畢歡呼再叩頭謝恩始各散去李重生赫哲風土記

風俗附載

漢

東夷率皆土著憙飲酒歌舞或冠弁衣錦器用俎豆後漢書一百十五

夫餘其人麤大彊勇而謹厚不爲寇鈔食飲用俎豆會同拜爵洗爵揖讓升降以臘月祭天大會連日飲食歌舞名曰迎鼓是時斷刑獄解囚徒有軍事亦祭天殺牛以蹏占其吉凶行人無晝夜好歌吟音聲不

絶同上

挹婁處於山林之間土氣極寒常爲穴居以深爲貴大家至接九梯好養豕食其肉衣其皮冬以豕膏塗身厚數分以禦風寒夏則裸袒以尺布蔽其前後其人臭穢不潔作厠於中圜之而居同上

東沃沮人性質直彊勇言語飲食居處衣服有似句驪北沃沮俗皆與南同同上

濊人不相盜無門戶之閉婦人貞信飲食以籩豆者舊自謂與句驪同種言語法俗大抵相類其人性愚愨少嗜欲不請匄男女皆衣曲領其俗重山川山川

各有部界不得妄相干涉同姓不婚多所忌諱疾病死亡輒捐棄舊宅更造新居知種麻養蠶作錦布曉候星宿豫知年歲豐約常用十月祭天晝夜飲酒歌舞名之爲舞天又祠虎以爲神邑落有相侵犯者輒相罰責生口牛馬名之爲責禍殺人者償死少寇盜同上

魏

夫餘以殷正月祭天在國衣尚白白布大袂袍袴履革鞜出國則尚繒繡錦罽大人加狐狸狖白黑貂之裘以金銀飾帽譯人傳辭皆跪手據地竊語行道晝

夜無老幼皆歌通日聲不絶有軍事亦祭天殺牛觀蹏以占吉凶蹏解者爲凶合者爲吉其死夏月皆用冰殺人殉葬多者百數厚葬有棺無槨三國志三十

東沃沮言語與句麗大同時時小異同上

挹婁其人形似夫餘言語不與夫餘句麗同同上

濊自謂與句麗同種其人性愿慤少嗜欲有廉恥言語法俗大抵與句麗同衣服有異同上

晉

夫餘人强勇會同揖讓之儀有似中國其出使乃衣錦罽以金銀飾腰其法殺人者死没入其家盜者一

責十二男女淫婦人妬皆殺之若有軍事殺牛祭天以其蹏占吉凶蹏解者爲凶合者爲吉死者以生人殉葬有棺無椁其居喪男女皆衣純白婦人著布面衣去玉珮晉書九十七

肅愼氏居深山窮谷其路險阻車馬不通夏則巢居冬則穴處父子世爲君長無文墨以言語爲約有馬不乘但以爲財產而已無牛羊多畜豬食其肉衣其皮績毛以爲布無井竈作瓦鬲受四五升以食坐則箕踞以足挾肉而啖之得凍肉坐其上令暖俗皆編髮以布作襜徑尺餘以蔽前後將嫁娶男以毛羽插

女頭女和則持歸然後致禮聘之同上

後魏

勿吉其地下濕築城穴居屋形似塚開口於上以梯出入其國無牛有車馬佃則偶耕車則步推有粟及麥穄菜則有葵水氣鹹凝鹽生樹上亦有鹽池多豬無羊嚼米醞酒飲能至醉婦人則布裙男子豬犬皮裘頭插虎豹尾魏書一百

豆莫婁其人土著有宮室倉庫多山陵廣澤於東夷之域最爲平敞地宜五穀不生五果其人長大性彊勇謹厚不寇抄飲食亦用俎豆有麻布衣制類高麗

而幅大其國大人以金銀飾之同上

隋

靺鞨地卑濕築土如堤鑿穴以居開口向上以梯出入相與偶耕土多粟麥穄水氣鹹生鹽於木皮之上其畜多豬嚼米爲酒飲之亦醉婦人服布男子衣豬狗皮人皆射獵爲業隋書八十一

唐

靺鞨最處北方尤稱勁健每恃其勇恆爲鄰境之患俗皆編髮性凶悍無憂戚貴壯而賤老無屋宇並依山水掘地爲穴架木於上以土覆之狀如中國之塚

墓相聚而居夏則出隨水草冬則入處穴居父子相承世爲君長俗無文字兵器有角弓及楛矢其畜宜豬富人至數百口食其肉而衣其皮死者穿地埋之以身襯土無棺斂之具殺所乘馬於尸前設祭舊唐書一百九十九下

渤海靺鞨風俗與高麗同頗有文字及書記同上

黑水靺鞨人勁健善步戰常能患它部俗編髮綴野豕牙插雉尾爲冠飾自别於諸部性忍悍善射獵無憂戚貴壯賤老居無室廬負山水坎地梁木其上覆以土如邱冢然夏出隨水草冬入處死者埋之無棺

䊹殺所乘馬以祭其酋曰大莫拂瞞咄世相承爲長無書契其矢石鏃長二寸蓋楛砮遺法畜多豕無牛羊有車馬田耦以耕車則步推唐書二百十九

渤海靺鞨俗與高麗略等同上

高麗王服五采以白羅製冠革帶皆金釦大臣青羅冠次絳羅珥兩鳥羽金銀雜釦衫筩褎袴大口白韋帶黃革履庶人衣褐戴弁女子首巾幗俗喜奕投壺蹵鞠食用籩豆簠簋罍洗居依山谷以草茨屋惟王宮官府佛廬以瓦窶民盛冬作長坑熅火以取煖服父母喪三年兄弟踰月除俗多淫祠祀靈星及日箕

子可汗等神國左有大穴有神隧每十月王皆自祭

人喜學至窮里厮家亦相矜勉衢側悉構嚴屋號扃

堂子弟未婚者曹處誦經習射唐書二十

渤海知書契習識古今制度號爲海東盛國文獻通考

黑水靺鞨最處北尤勁悍無文字之記其兵角弓楛

矢五代史記七十三

遼

契丹五節度熟女眞部族皆雜處山林尤精弋獵有

屋居舍門皆於山牆下闢之耕鑿與渤海人同無出

租稅契丹國志二十二

熟女眞國居民皆雜處山林耕養屋宇與五節度熟女眞同然無君長首領統押精於騎射今古以來無有盜賊詞訟之事任意遷徙多者百家少者兩三家而已同上

生女眞居民屋宇耕養言語衣裝與熟女眞國並同亦無君長所管精於騎射同上

屋惹國阿里眉國破骨魯國等國每國各一萬餘戶西南至生女眞國界衣裝耕種屋宇言語與女眞人異契丹樞密院差契丹或渤海人充逐國節度使管押然不出征賦兵馬每年惟貢進大馬蛤珠青鼠皮

貂鼠皮膠魚皮蜜蠟之物及與北番人任便往來買賣同上

鐵離國居民言語衣裝屋宇耕養稍通阿里眉等國無君長皆雜處山林不屬契丹統押亦不與契丹爭戰復不貢進惟以大馬蛤珠鷹鶻青鼠貂鼠等皮膠魚皮等物與契丹交易同上

韎鞨國無君長統押微有耕種春夏居屋室中秋冬則穿地爲洞深可數丈而居之以避其寒不貢進契丹亦不爭戰惟以鷹鶻鹿細白布青鼠皮銀鼠皮大馬膠魚皮等與契丹交易同上

距契丹國東至於海有鐵甸又東女眞善射多牛鹿野狗其人無定居行以牛負物遇雨則張革爲屋常作鹿鳴呼鹿而射之食其生肉能釀糜爲酒契丹國志二十

五

嗢熱者國部落雜處以其族類之長爲千戸統之契丹貴游子弟及富家兒月夕被酒則相率攜樽馳馬戲飲其地婦女聞其至多聚觀之間令侍坐與之酒則飲亦有起舞歌謳以侑觴者邂逅相契調謔往反即載以歸婦之父母知亦不之顧留數歲有子始具茶食酒數車歸寗謂之拜門因執子壻之禮契丹國志二十

六

混同江之地二字依滿洲源流考增其俗刳木爲舟長可八尺形如梭曰梭船上施一槳止以捕魚至渡車則方舟或三舟契丹國志二十七

金

女眞冬極寒多衣皮雖得一鼠亦褫皮藏之皆以厚毛爲衣非入室不撤稍薄則墮指裂膚盛夏如中國十月北盟會編三

其人則耐寒忍饑不憚辛苦食生物勇悍不畏死善騎上下崖壁如飛濟江不用舟楫浮馬而渡精射獵

每見野獸之蹤能躡而摧之得其潛伏之所以樺皮為角吹作呦呦之聲呼麋鹿射而啖之但存其皮骨同上

其俗依山谷而居聯木為柵屋高數尺無瓦覆以木板或以樺皮或以草綢繆之牆垣籬壁率皆以木門皆東向環屋為土牀熾火其下與寢食起居其上謂之炕以取其煖奉佛尤謹以牛負物或鞍而乘之遇雨多張牛革以為禦同上

其衣服則衣布好白衣短而左衽婦人辮髮盤髻男子辮髮垂後耳垂金銀留腦後髮以色絲繫之富者

以珠玉爲飾衣罿裘細布貂鼠青鼠狐貉之衣貧者

衣牛馬豬羊貓蛇犬魚之皮同上

其飯食則以糜釀酒以豆爲醬以半生米爲飯漬以

生狗血及葱韮之屬和而食之芼以蕪荑食器無瓠

陶無碗筯皆以木爲盤春夏之間止用木盆注元缺粥

隨人多寡盛之以長柄小木杓子數柄迴環共食下

粥肉味無多品止以魚生獐生間用燒肉冬亦冷飲

卻以木楪盛飯木盆盛羹下飯肉味與下粥一等飲

酒無算只用一木杓子自上而下循環酌之炙股烹

脯以餘肉和菜擣臼中糜爛而進率以爲常同上

其禮則拱手退身爲喏跪右膝蹲左膝著地拱手摇肘動止於三爲拜同上

其言語則謂好爲感或爲塞痕謂不好爲辣撒謂酒爲勃蘇謂拉殺爲蒙山不屈花不辣謂敲殺曰蒙霜特姑又曰罨勃辣駭夫謂妻爲薩那罕妻謂夫爲愛根同上

其節序元日則拜日相慶重午則射柳祭天其人不知紀年問之則曰吾見青草幾度以草一青爲一歲同上

其歌則有鷓鴣之曲但高下長短鷓鴣二聲而已同上

其疾病則無醫藥尙巫祝病則巫者殺豬狗以禳之或車載病人至深山大谷以避之其死亡則以刃剺額血淚交下謂之送血淚死者埋之而無棺槨貴者生焚所寵奴婢所乘鞍馬以殉之所有祭祀之物盡焚之謂之燒飯同上

其道路則無旅店行者息於民家主人初則拒之拒之不去方具飲食而納之苟拒而去則餘家無復納者矣同上

其市易則惟以物博易無錢無蠶桑無工匠舍屋車帳往往自能爲之同上

其法律吏治則無文字刻木爲契謂之刻字賦斂調度皆刻箭爲號事急者三刻之同上

女眞人勇悍善騎射喜耕種好漁獵稅賦無常隨用度多寡而歛之多以牛驢負物遇雨則張牛革以禦之緩則射獵急則戰鬭宗室皆謂之郎君事無大小皆屬焉大金國志三十九

金俗好衣白辮髮垂肩與契丹異垂金環留顱後髮繫以色絲富人用珠金飾婦人辮髮盤髻亦無冠自滅遼侵宋漸有文飾婦人或裹逍遥巾或裹頭巾隨其所好至於衣服尚如舊俗土產無桑蠶惟多織布

貴賤以布之粗細爲別又以化外不毛之地非皮不可禦寒所以無貧富皆服之富人春夏多以紵絲綿紬爲衫裳亦間用細布秋冬以貂鼠青鼠狐貉皮或羔皮爲裘或作紵絲四袖貧者春夏並用布爲衫裳秋冬亦衣牛馬豬羊貓犬魚蛇之皮或獐鹿皮爲衫袴襪皆以皮至婦人衣白大襖子下如男子道服裳曰錦裙去左右各闕二尺許以鐵條爲圈裹以繡帛上以單裙籠之同上

金人舊俗多指腹爲婚姻既長雖貴賤殊隔亦不可渝壻納幣皆先期拜門親屬偕行以酒饌往少者十

餘車多至十倍飲客佳酒則以金銀斻貯之其次以瓦斻列於前以百數賓退則分餉焉先以烏金銀杯酌飲貧者以木酒三行進大軟指小軟指如中國寒具次進蜜餻人各一盤曰茶食宴罷富者瀹建茗留上客數人啜之或以粗者煎乳酪婦家無大小皆坐炕上壻黨羅拜其下謂之男下女禮畢壻牽馬百匹少者十匹陳其前婦翁選子姓之別馬者視之好則留不好則退留者不過什二三或皆不中選雖壻所乘亦以充數大抵以留馬少爲恥女家亦視其數而厚薄之一馬則報衣一襲壻皆親迎旣成婚留於婦

家執僕隸役雖行酒進食皆躬親之三年然後以婦歸婦用奴婢數十戸牛馬數十羣每羣九牝一牡以資遣之同上

女真舊絶小正朔所不及自興兵以後寖染華風帥將生朝皆自擇佳辰粘罕以正旦兀室以元夕烏捘馬以上巳國主亶以七夕矣其他如重午重九中秋中元下元四月八日皆然大金國志十二

黄龍府爲契丹東寨當契丹强盛時虜獲異國人則遷徙雜處於此南有渤海北有鐵離吐渾東南有高麗靺鞨東有女真室韋東北有烏舍西北有契丹回

紇黨項西南有奚故此地雜諸國風俗凡聚會處諸國人語言不能相通曉則各爲漢語以證方能辨之北盟會編二十引奉使行程錄

涑流河五里至句孤寨自此以東散處原隰間盡女眞人更無異族無市井買賣不用錢惟以物相貿易同上

黑水舊俗無室廬負山水坎地梁木其上覆以土夏則出隨水草冬則入處其中遷徙不常獻祖乃徙居海古勒水耕墾樹藝始築室有棟宇之制人呼其地爲額訥格爾原作葛里納額訥格爾者漢語居室也金史世紀

金因遼舊俗以重午中元重九日行拜天之禮重五於鞠場中元於内殿重九於都城外其制刳木爲盤如舟狀赤爲質畫雲鶴文爲架高五六尺置盤其上薦食物其中聚宗族拜之若至尊則於常武殿築臺爲拜天所重五日質明陳設畢百官班俟於毬場樂亭南皇帝靴袍乘輦宣徽使前導自毬場南門入至拜天臺降輦至褥位皇太子以下百官皆詣褥位宣徽贊拜皇帝再拜上香又再拜排食抛盞畢又再拜飲福酒跪飲畢又再拜百官陪拜引皇太子以下先出皆如前導引皇帝回輦至幄次更衣行射柳擊毬

之戲亦遼俗也金因尚之凡重五日拜天禮畢插柳毬場爲兩行當射者以尊卑序各以帕識其枝去地約數寸削其皮而白之先以一人馳馬前導後馳馬以無羽橫鏃箭射之既斷柳又以手接而馳去者爲上斷而不能接去者次之或斷其青處及中而不能斷與不能中者爲負每射必伐鼓以助其氣已而擊毬各乘所常習馬持鞠杖杖長數尺其端如偃月分其衆爲兩隊共爭擊一毬先於毬場南立雙桓置板下開一孔爲門而加網爲囊能奪得鞠擊入網囊者爲勝或曰兩端對立二門互相排擊各以出門爲勝

毬狀如小拳以輕韌木枵其中而朱之皆所以習蹺捷也既畢賜宴歲以爲常金史禮志八

收國元年五月甲戌拜天射柳故事五月五日七月十五日九月九日拜天射柳歲以爲常金史太祖紀

承安五年五月戊午敕重午拜天服公裳者拜禮仍舊諸便服者并用女直拜金史章宗紀三

大定十三年上謂宰臣曰會甯乃國家興王之地自海陵遷都永安女直人寖忘舊風朕時嘗見女直風俗迄今不忘今之燕飲音樂皆習漢風蓋以備禮也非朕心所好東宮不知女直風俗第以朕故猶尚存

之恐異時一變此風非長久之計甚欲一至會甯使子孫得見舊俗庶幾習效之金史世宗紀中

上御睿思殿命歌者歌女直詞顧謂皇太子及諸王曰朕思先朝所行之事未嘗暫忘故時聽此詞亦欲令汝輩知之汝輩自幼惟習漢人風俗不知女直純實之風至於文字語言或不通曉是忘本也汝輩當體朕意至於子孫亦當遵朕教誡也同上

十四年詔明安穆昆之民今後不許殺生祈祭若遇節辰及祭天日許得飲會自二月一日至八月終並禁絕飲燕亦不許赴會他所恐妨農功雖閒月亦不

許痛飲犯者抵罪可徧諭之又命應衛士有不閑女直語者並勒習學仍自後不得漢語同上

上與親王宰執從官從容論古今興廢事曰經籍之興其來久矣垂教後世無不盡善今之學者既能誦之必須行之然知而不能行者多矣苟不能行誦之何益女直舊風最爲純直雖不知書然其祭天地敬親戚尊耆老接賓客信朋友禮意款曲皆出自然其善與古書所載無異汝輩當習學之舊風不可忘也同上

以渤海舊俗男女婚娶多不以禮必先攘竊以奔詔

禁絶之犯者以姦論同上

二十四年上曰朕將往上京念本朝風俗重端午節比及端午到上京則燕勞鄉閭宗室父老金史世宗紀下

上謂宰臣曰今時之人有罪不問旣過之後則謂不知有罪必責則謂每事尋罪風俗之薄如此不以文德感之安能復於古也卿等以德輔佐當使復還古風同上

二十五年四月幸上京宴宗室於皇武殿飲酒樂上諭之曰今日甚欲沈醉此樂不易得也昔漢高祖過故鄉與父老歡飲擊筑而歌令諸兒和之彼起布衣

尚且如是況我祖宗世有此土今天下一統朕巡幸至此何不樂飲於時宗室婦女起舞進酒畢羣臣故老起舞上曰吾來故鄉數月矣今迴期已近未嘗有一人歌本曲者汝曹來前吾爲汝歌乃命宗室子敘坐殿下者皆上殿面聽上歌曲道祖宗捌業艱難及所以繼述之意上既自歌至慨想祖宗音容如覩之語悲感不復能成聲歌畢泣下數行右丞相元忠暨羣臣宗戚捧觴上壽皆稱萬歲於是諸老人更歌本曲如私家相會暢然歡洽上復續調歌曲留坐一更極歡而罷其辭曰猗歟我祖聖矣武元誕膺明命功

光於天拯溺救焚深根固蒂克開我後傳福萬世無何海陵淫昏多罪反易天道荼毒海內自昔肇基至於繼體積累之業淪胥且墜望戴所歸不謀同意宗廟至重人心難拒勉副樂推肆予嗣緒二十四年兢業萬幾億兆庶姓懷保安綏國家閒暇廓然無事乃眷上都興帝之第屬茲來游惻然予思風物減耗殆非昔時于鄉于里皆非初始雖非初始朕自樂此雖非昔時朕無異視瞻戀慨想祖宗舊宇屬屬音容宛然如睹童嬉孺慕歷歷其處壯歲經行恍然如故舊年從游依稀如昨歡誠契闊旦暮之若吁嗟闊別兮

云胡不樂金史樂志上

二十六年以親軍完顔齊諾原作奇納言制明安穆昆皆先讀女直字經史然後承襲因曰但令稍通古今則不肯爲非爾金史世宗紀下

上言國初風俗淳儉居家惟布衣非大會賓客未嘗輒烹羊豕朕嘗念當時節儉之風不欲妄費同上

諭有司女直人及百姓不得用網捕野物及不得放羣鵰枉害物命亦恐女直人廢射也金史章宗紀一

金人之常服四帶巾盤領衣烏皮靴其束帶曰吐鶻巾之制以皁羅若紗爲之上結方頂折垂於後頂之

下際兩角各綴方羅徑二寸許方羅之下各附帶長六七寸當横額之上或爲一縮襵積貴顯者於方頂循十字縫飾以珠其中必貫以大者謂之頂珠帶旁各絡珠結綬長半帶垂之其衣色多白三品以皁窄袖盤領縫掖下爲襵積而不缺袴其胸臆肩袖或飾以金繡其從春水之服則多鶻捕鵝雜花卉之飾其從秋山之服則以熊鹿山林爲文其長中骭取便於騎也陶罕玉爲上金次之犀象骨角又次之銙用鞓小者間置於前大者施於後左右有雙蛇尾納方束中其刻琢多如春水秋山之飾左佩牌右佩刀刀貫

鑌鐵柄尙雜舌木黃黑相半有黑雙距者爲上或三事五事室飾以醬瓣樺釧口飾以鮫或屑金鍮和漆塗鮫隙而礲平之醬瓣樺者謂樺皮斑文色殷紫如醬中豆瓣也產其國故尙之金史輿服志下

金之拜制先袖手微俯身稍復卻跪左膝左右搖肘若舞蹈狀凡跪搖袖下拂膝上則至左右肩者凡四如此者四跪復以手按右膝單跪左膝而成禮國言搖手而拜謂之禪珠喇金史禮志八

元

碩達勒達女直人皆仍舊俗無市井城郭逐水草爲

居以射獵爲業故設官牧民隨俗而治元史地理志二

性剛果善騎射盛京通志引元一統志

俗有狗車木馬輕捷之便狗車形如船以數十狗拽之往來遞運木馬形如彈弓繫足激行可及奔馬二者止可冰雪上行明一統志引元志

明

建州稍類開原舊俗其腦温江上自海西下至黑龍江謂之生女直略事耕種聚會爲禮人持燒酒一魚胞席地歌飲少有忿爭則彎弓相射明一統志八十九

可木以下以樺皮爲屋行則馱載止則張架以居養

馬弋獵爲生其阿迷江至散魯江頗類可木乘五板船疾行江中同上

乞列迷有四種捕魚爲食著直筒衣暑用魚皮寒用狗皮不識五穀六畜惟狗至多耕田供食皆用之同上

乞列迷去奴兒干三千餘里一種曰女直野人性剛而貪文面椎髻帽綴紅纓衣緣綵組惟袴不裙婦人帽垂珠珞衣綴銅鈴射山爲食暑則野居冬則室處一種曰北山野人乘鹿出入一種住平屋屋脊開孔以梯出入卧以草鋪　苦兀在奴兒干海東人身多毛戴熊皮衣花布其鄰有吉里迷男少女多始生

先定以狗十歲卽娶食惟腥鮮同上

# 吉林通志卷二十八

## 食貨志一　戶口

### 吉林府

康熙五十年吉林民丁三萬三千二十五會典十一

乾隆三十六年新編民戶八千八百五十六丁口四萬四千六百五十六盛京通志三十六按皇朝文獻通考十九四十一年吉林人丁七萬四千六百三十一

四十五年編審民戶二萬二千五百十三丁口十一萬四千四百二十九同上按皇朝文獻通考十九是年吉林人丁十三萬五千八百二十七四十八年吉林人丁十四萬二千二百二十

光緒初原編人丁二萬四千九百三十五至五年

恩詔賞賚侍養老民七十一名實應徵丁二萬四千八百六十四計徵丁銀三千七百二十九兩六錢八年劃

歸伊通州敦化縣人丁八千二百十九實應徵人丁一萬六千六百四十五計徵丁銀二千四百一十六兩七錢五分是年奏准攤丁入地永革丁名以光緒九年爲始冊報

十七年編定民戶三萬九千九百六十四丁口二十二萬四千五百三十四同上

伊通州

原額丁八千一百七十七每年應徵丁銀一千四百零九兩四錢九分光緒九年奏准攤丁入地永革丁名冊報

光緒十九年編定民戶二萬七千八百二十七丁口十二萬三千二百八十五同上

敦化縣

光緒八年將軍銘安奏准攤丁入地永革丁名冊報

十六年編定民戶一千四百十三丁口九千六百二十同上

十七年編定民戶一千四百十三丁口九千三百八

十八同上

長春府

嘉慶五年設廳至十六年編定民戶一萬一千七百八十一丁口六萬一千七百五十五冊報

道光二年編定民戶除遷出戶一千一百八十七丁口一萬零五百三十四加新增戶一百八十二丁口六百五十七實在戶一萬零七百七十六丁口五萬一千八百七十八同上

十六年新增民戶四千四百九十四編定一萬五千二百七十新增丁口一萬二千二百九十編定六萬

四千一百六十八同上

光緒七年至九年新增民户八千七百零五編定二萬三千九百七十五新增丁口二萬七千九百五十二編定九萬二千一百二十五同上

農安縣

光緒十五年設縣劃歸縣屬民户編定七千三百三十五丁口二萬八千二百一十册報

伯都訥廳

乾隆三十六年新編民户三千四百一十六丁口一萬零二百四十八盛京通志三十六

四十五年編審民戶四千零六丁口一萬九千一百

五十同上

光緒八年改理事同知爲撫民同知編審民戶丁口

一萬四千三百四十九原徵丁銀連加一耗羨共徵

銀二千三百六十七兩五錢八分五釐九年將軍銘

安奏准攤丁入地徵收册報

十七年編定民戶一萬四千四百七十六丁口十三

萬八千八百六十八同上

五常廳

光緒十年編定民戶一萬一千零九十一丁口九萬

九千七百五十六冊報
十三年編定民戶一萬一千一百五十丁口九萬九千八百同上
十七年編定民戶一萬一千一百六十一丁口九萬九千九百四十同上

賓州廳

原編額定行差八丁一千一百七十六官莊八丁三十六每年應徵丁銀一百九十九兩九錢八分向歸阿勒楚喀副都統徵收光緒八年歸廳經徵冊報
光緒十六年編定民戶四千八百八十二丁口二萬

七千四百四十九同上
十七年編定民戶五千十九丁口三萬一千六百四十八同上

雙城廳

光緒十六年編定民戶一千八百三十一丁口二萬六千二百三十七冊報

順治十一年戶部言人丁地土乃財賦所出本根故明舊例或三年或五年一行編審繕造黄冊呈進我朝定鼎以來尙未舉行宜自十二年爲始責布政司彙造以便查稽隙地漏糧之弊從之皇朝文獻通考十九

康熙七年奉天府屬始行編審法每丁徵銀一錢五分五十二年

恩詔八丁以五十年編審為定額以後滋生戶口永不加賦雍正五年置永吉州泰寧長寧二縣俱屬奉天府乾隆元年裁長寧縣併歸永吉州十二年裁永吉州設吉林理事同知徵收地丁錢糧屬吉林將軍管轄二十六年至二十九年寧古塔伯都訥三姓地丁俱歸各副都統徵收由吉林同知彙總報銷三十七年吉林各屬

恩詔以三十六年編審為定額以後永不加賦惟開戶入籍

家奴官莊年滿幼丁仍按例加徵四十五年阿勒楚喀地丁亦歸副都統徵收由吉林彙報焉盛京通志三十五

戶部正天下之戶籍滿洲蒙古漢軍丁檔則戶部八旗俸餉處專司之凡各省諸色人戶有司察其數而歲報於部由親轄府直隸廳直隸州廳州縣分管民戶之州縣佐貳營官曰煙戶凡戶之別有民戶土著者流寓入籍者八旗銷除旗檔者漢軍出旗者所在安置爲民者皆爲民戶有軍戶原編屯衛或歸併廳州縣或仍隸衛所官其屯丁皆爲軍戶凡充發爲軍者其隨配之子孫及到配所生之子孫亦爲軍戶有匠戶原編丁册各省皆有匠戶輪班供役嗣改爲按戶徵銀解京代班曰匠班銀後各省漸次攤入地丁徵收惟於賦役全書仍存其目凡民男曰丁女曰口未成丁男年十六曰成丁亦曰口丁口繫於戶凡腹民計以丁口直省民數

督撫飭所屬按保甲門牌册實在民數歲以十月同穀數送部戶部於年終彙繕黃册具題每年開除滋生多寡不齊　嘉慶十七年册報吉林丁口三十萬七千七百八十一其八旗駐防人丁不與其數邊民計以戶三姓所屬赫哲費雅喀勒爾庫葉鄂倫春恰克拉五十六姓二千三百九十八戶每戶納貂皮一張凡丁輸賦者以康熙五十年爲額康熙五十二年欽奉恩詔嗣後編審人丁祗將實數奏聞其徵收辦糧但據五十年丁册定爲常額續生人丁永不加賦五十年丁册之額吉林民丁三萬三千二十五歲編審有羨餘曰

盛世滋生人丁不加賦焉凡民之著於籍察其祖寄辦其宗系區其良賤冒籍者跨籍者越邊僑籍吉林伯都訥地方除新集流民業已開墾地畝安分守業者准其納丁入册不准再有流民踵至私墾阿勒楚喀拉林二處種地閒散滿洲不准私招民人代種吉林長春廳等處租種蒙古地畝之民人除現在開墾各戶准其入於

民册安插外不准多墾一畝增居一戸 旨禁之會典十一

吉林城

乾隆十六年編審原額新增實在行差人丁四千三百二十七徵銀六百四十九兩零五分盛京通志三十五

二十六年編審原額新增實在行差人丁六千零二十七徵銀九百零四兩零五分同上

三十六年編審原額新增實在行差人丁一萬三千三百零二徵銀一千九百九十五兩三錢同上

四十六年編審原額新增實在行差人丁二萬七千四百四十徵銀四千一百二十兩零五錢同上

按以上蓋統吉林各屬計之

雍正十二年編審永吉州原額新增實在行差八丁二千一百八十六徵銀三百二十七兩九錢上同

乾隆六年編永吉州原額新增實在行差八丁四千一百零二徵銀六百一十五兩三錢上同

十二年新收永吉州八丁四千一百四十三至十六年原額新增實在行差八丁四千三百二十七徵銀六百四十九兩零五分上同

二十六年原額新增實在行差八丁五千四百九十二徵銀八百二十三兩八錢上同

三十六年原額新增實在行差八丁一萬零六百三
十四徵銀一千五百九十五兩一錢同上
四十六年原額新增實在行差八丁二萬二千六百
七十二徵銀三千四百兩零九錢五分同上
嘉慶十七年吉林丁口三萬七千七百八十一會典十一
道光四年原編新增實在行差八丁二萬五千一百
七十吉林外紀七
按以上蓋就吉林一屬計之惟外紀成於道光四
年所載行差八丁較之乾隆嘉慶其數反少此必
有誤歷年既久別無可徵前載所詳理不可闕姑

依會典諸書分年錄之其確數則一以光緒十七年戶司冊報爲斷云

吉林官莊五十處壯丁五百名嘉慶二十一年逃故一百五十四名現有丁三百四十六名同上

光緒十七年編定正黃旗五牛彔戶七百二十八丁口三千三百二十三　鑲黃旗五牛彔戶一千三百五十三丁口七千二百一十九　正白旗五牛彔戶一千八百八十六丁口七千五百四十二　鑲白旗五牛彔戶八百五十六丁口三千二百零九　正紅旗五牛彔戶六百一十八丁口二千八百八十四

鑲紅旗五牛彔戶五百七十三丁口二千三百六十
一　正藍旗五牛彔戶九百八十四丁口三千二百
四十七　鑲藍旗五牛彔戶九百二十四丁口三千
四百一十二　蒙古旗八牛彔戶七百三十丁口二
千四百零五　烏鎗營八牛彔戶六千零二十七丁
口三萬一千一百九十九　水師營戶七百七十六
丁口四千七百九十九報冊
額穆赫索羅　光緒十七年編定行差八丁戶二百
七十七丁口一千三百六十六同上
烏拉額赫穆二十四站　光緒十七年編定站丁戶

四千一百三十一丁口二萬三千四百二十八同上

金珠鄂佛羅二十三站　光緒十七年編定站丁戶三千六百丁口一萬八千二百六十七同上

巴彥鄂佛羅邊門　光緒十七年編定臺丁戶九百七十一丁口六千四百零六同上

赫爾蘇邊門　光緒十七年編定臺丁戶一千一百六十八丁口六千五百一十七同上

伊通邊門　光緒十七年編定臺丁戶一千一百九十九丁口五千八百五十同上

佈爾圖庫邊門　光緒十七年編定臺丁戶一千零

七十二丁口四千二百七十五同上

伊通正黄鑲黄旗　光緒十七年編定行差八丁戸四百八十丁口六千零三同上

五常堡　光緒十七年編定行差八丁鑲黄旗戸六百七十九丁口二千三百三十四　正黄旗戸四百六十六丁口一千八百五十五同上

打牲烏拉城總管衙門　官地莊頭五名莊丁一百四十名盛京通志二十四　順治十年定烏拉打牲壯丁每十名内五名耕種五名採捕會典事例六百八十三

十八年奏准打牲烏拉設三十三珠軒每珠軒設壯

丁二十名至二十六名有差同上

雍正四年定烏拉打牲八丁戶部派筆帖式前往編審皇朝文獻通考二十

雍正五年奏准除王貝勒貝子分例應有之珠軒外其餘珠軒俱歸於上三旗會典事例六百八十三

七年奏准每珠軒不得過三十丁若有餘丁報內務府增設珠軒同上

乾隆十五年議准蜜戶四百五十名內除採蜜丁一百五十名仍令採蜜其採蔆丁三百名改令採捕東珠編爲十二珠軒每珠軒設頭目一名副頭目一名

同上

三十二年議准採蜜丁一百五十名改令採捕東珠編爲五珠軒每珠軒設頭目一名副頭目二名壯丁二十七名同上

四十三年定編審打牲壯丁之例停派京員令吉林將軍就近編審造册加具保結送部皇朝文獻通考二十

光緒十七年編定八旗行差八丁戸三千五百七十六丁口一萬四千六百八十二册報

協領衙門　光緒十七年編定八旗行差八丁戸三千五百九十七丁口一萬五千零二十六

甯古塔城

乾隆二十九年新收人丁六百六十一至三十六年原額新增實在行差人丁七百二十八徵銀一百零九兩二錢盛京通志三十五

四十六年原額新增實在行差人丁七百九十四徵銀一百一十九兩一錢同上

道光四年編定行差人丁一千三百五十徵銀一百五十七兩五錢吉林外紀七

官莊十三處壯丁一百三十名同上

光緒十七年編審八旗行差人丁戶六千七百七十

二丁口三萬二千八百八十三册報

編定官莊壯丁戶八百九十五丁口二千八百二十四同上以上旗戶

乾隆三十六年新編民戶六百四十五丁口一千五百七十一盛京通志三十六

四十五年編審民戶七百九十四丁口一千九百四十三同上

光緒十七年編定民戶一千七百五十三丁口九千五百二十三册報以上民戶

伯都訥城

雍正五年設長甯縣至十一年續收丁一百七十九徵銀二十六兩八錢五分盛京舊志二十三

十二年編長甯縣原額新增實在行差人丁二百零一徵銀三十兩零一錢五分乾隆元年奉裁歸併入永吉州盛京通志三十五

乾隆二十六年新收實在行差人丁五百三十五徵銀八十兩二錢五分同上

三十六年原額新增實在行差人丁一千八百八十四徵銀二百八十二兩六錢同上

四十六年原額新增實在行差人丁三千八百八十

四徵銀五百八十二兩六錢同上

道光四年行差八丁一萬四千三百七十五吉林外紀七

光緒十七年編定正黃旗行差丁口五百六十　鑲黃旗丁口七百六十　正白旗丁口七百八十九　鑲白旗丁口五百六十六　正紅旗丁口七百七十　鑲紅旗丁口四百三十四　正藍旗頭佐領丁口五百十四　正藍旗二佐領丁口一千二百五十一　鑲藍旗頭佐領丁口九百十八　鑲藍旗二佐領丁口九百五十八　左翼蒙古正白旗丁口九百三十一　右翼蒙古正白旗丁口一千零九十五冊報

官莊六處壯丁六十名吉林外紀七

阿勒楚喀城

乾隆四十六年新收實在行差人丁五十徵銀七兩五錢盛京通志三十五

道光四年新增實在行差人丁三千零七十四徵銀四百六十一兩一錢吉林外紀七

光緒十七年編定八旗行差人丁戶一千六百八十五丁口一萬五千六百八十册報

官莊六處壯丁六十名吉林外紀七

拉林城　光緒十七年編定八旗行差人丁戶三千

二百六十七丁口二萬六千七百零五冊報

雙城堡　光緒十七年編定八旗行差人丁戶五百六十丁口五千四百二十七同上

三姓城

乾隆二十九年新收人丁五十三至三十六年原額新增實在行差人丁五十六徵銀八兩四錢盛京通志三十五

四十六年原額新增實在行差人丁六十九徵銀一十兩三錢五分同上

道光四年編審行差人丁四百一十徵銀七十一兩

零六分二釐吉林外紀七

光緒十七年編定八旗行差人丁戶一千五百七十丁口九千六百零六以上旗戶册報

官莊十五處壯丁一百五十名吉林外紀七光緒十七年編定官莊戶一千零十五丁口六千八百六十四册報

乾隆三十六年新編民戶六十丁口一百九十八

四十五年編審民戶六十九丁口二百二十八盛京通志三十六

光緒十七年編定永甯社民戶四百一十六丁口五千零九十一以上民戶册報

琿春城

光緒十七年八旗行差人丁戶一千四百零三丁口一萬零四十三安遠堡新墾民戶七百五十三綏遠堡新墾民戶八百三十六甯遠堡新墾民戶一千八百七十二鎭遠堡新墾民戶九百四十九共新墾民戶四千四百一十丁口一萬九千九百四十冊報

吉林本滿洲故里蒙古漢軍錯屯而居皆有佛伊徹之分國語舊曰佛新曰伊徹

國朝定鼎以前編入旗者爲佛滿洲佛滿洲內有貝國恩布特哈之分國語貝國恩戶也布特哈虞獵也協領佐領由京補

放子孫遺居立戶於此謂之貝國恩舊在白山一帶漁獵爲生者謂之布特哈伊徹滿洲內又有庫雅喇之分庫雅喇非一姓一族有卽以庫雅喇爲姓者有庫雅喇人而別姓者與伊徹滿洲實截然兩項庫雅喇居甯古塔以東定鼎後入旗伊徹滿洲居三姓烏蘇哩東西入旗又在庫雅喇以後其世襲佐領亦各有分晰各項伊徹滿洲世襲佐領曰伊徹滿洲佐領庫雅喇世襲佐領曰庫雅喇佐領總之曰佛曰伊徹曰庫雅喇皆滿洲也其編入八旗鑲黃正白鑲白正藍爲左翼正黃正紅鑲紅鑲藍爲右翼左右翼國語曰達斯歡噶喇哲伯勒噶喇蒙古亦有新陳之分錫伯瓜勒察兩部居嫩江以南天命四年征服科爾沁遂統定之編爲蒙古旗七年八年

及天聰三年喀爾喀諸部率屬來歸九年察哈爾舉
國內附俱編入八旗各佐領下均有二三戶六七戶不等是年各處蒙古俱歸降其居故土者爲藩服其編入旗者皆陳蒙古也九年以後入旗者爲新蒙古亦有世襲佐領曰喀爾喀則台吉阿玉喜之裔也曰巴爾虎則阿玉喜之屬下人也曰錫伯瓜爾察則
國初歸附之遺分屬蒙古各王公旗下後役入旗者也漢軍則編入滿洲鑲黃正白兩旗者皆爲陳漢軍其後安置之新漢軍自
國初即有十官莊二十六驛站二十七邊台官莊當種

地打樺皮差使稱曰壯丁驛站當馳送文報差使稱曰站丁邊台當查邊設立柵壕差使稱曰台丁皆另設官治之非如滿洲蒙古即於本旗本翼內揀選也三項設立年分檔案已失順治十五年造戰船康熙二十二年造運糧船設立水手營其官即於官莊台站水手之入會稽司者揀選水手營入會稽司者八百五十六戸雍正十一年揀選台站水手營閒散官莊打樺皮壯丁一千名設立鳥槍營與滿洲蒙古陳漢軍一體當差吉林外紀三

康熙四十四年奏准

盛京旗人並旗下家奴攜帶眷口在吉林地方種地內除正身旗人仍拏解本處照例辦理其盛京兵部工部內務府之壯丁並王公宗室之家奴及旗下家奴入於吉林官莊耕種納糧當差併飭該管官嚴加約束毋許滋事會典事例一百三十一

乾隆二十五年令吉林寗古塔伯都訥拉林阿勒楚喀等處旗下家奴之女不許給與民人違者治罪皇朝文獻通考二十

二十七年覆准寗古塔交納地丁錢糧之開檔家奴及官莊年滿除入民籍人等俱係世守居住置立產

業不能遷移伊等地畝概行查出即令納糧至甯古塔界內地方褊小外來流民不便准其入籍應將流民驅回如有願於吉林伯都訥地方入籍者即將該處丈出餘地分納伊等交納地糧伊等在甯古塔所墾之地交甯古塔納糧民人納糧其吉林伯都訥地方墾地流民如有願納糧者將伊等地畝花名入册交納錢糧願同籍者將地畝交與現納糧民人併附近民人納糧仍令嗣後嚴禁私墾併令邊門官員實力查逐儻復有流民潛入境地者嚴參議處會典事例二百

三十

四

三十四年戸部議准吉林將軍傅良奏阿勒楚喀拉林地方查出流民二百四十二戸俱自雍正四年至乾隆二十二年陸續存住在二十七年定議之前請限一年盡行驅逐至伯都訥地方每戸撥給空甸一具令其入籍墾種二年後納糧從之皇朝文獻通考十九

四十四年軍機大臣等議覆盛京將軍福康安奏盛京旗人並旗下家奴攜帶眷口在吉林地方種地共四十戸一百八十二名口內除正身旗人仍解回本處照例辦理其

盛京兵部工部内務府之壯丁並王公宗室之家奴及旗下家奴請入於吉林官莊耕種納糧當差併飭該管官嚴加約束毋許滋事如再有犯逃者獲日不論次數刺字發駐防兵丁爲奴等因奉

旨盛京吉林均係國家根本之地境壤毗連盛京旗人有潛往吉林種地謀生本無關礙並非逃旗可比從前宏晌奏請解回治罪之處所辦原屬過當伊等皆滿洲世僕盛京吉林有何區別其正身旗人六戸即著入於吉林當差毋庸解回盛京辦理餘依議皇朝文獻通考二十

嘉慶五年議准查出郭爾羅斯地方流寓内地民人

二千三百三十户均係節年租地墾種難以驅逐應

劃清地界自本旗游牧之東穆什河西至巴延吉魯

克山二百三十里自吉林伊通邊門北至吉佳窩鋪

一百八十里定爲規制不准再有民人增居每年令

吉林將軍造具户口花名細册送部備查仍設立通

判巡檢各一員彈壓專理詞訟會典事例二百三十四

道光元年正月初六日吉林將軍富俊奏查八旗生

齒日繁疊奉

恩旨增添步甲養育兵額凡爲旗人生計者無不體恤周備

恩至渥也第

國家經費有常名糧有額而八旗數十萬眾聚積京師不農不賈皆束手待養於官勢有不能臣再四籌畫惟有量爲移駐屯田因天地自然之利使自耕種方資久遠前勘阿勒楚喀雙城堡地方奏請挑選奉天吉林等處閒散旗丁三千名酌給牛具籽種荒地九萬數千晌設立中左右三屯每屯旗丁一千名中屯於嘉慶二十一年設立左右二屯於嘉慶二十五年添設奏准遵行在案臣謹擬願往雙城堡種地之人令其呈報本旗年終彙總咨報戶部由部查覈各旗所報人數足二百戶者作爲一班分爲四起官車送

屯每年移駐八旗閒散二百戶內可分八旗戶口之

繁外可聯邊城鞏固之勢則京旗滿蒙人等各得田

產永遠安業矣摺檔

前代

遼

長春州長春縣丁四千遼史地理志

長春州韶陽軍下節度統縣一長春縣戶二千同上

淥州鴨淥軍節度統州四縣二戶三千同上

賓州懷化軍節度統州五縣三戶一千同上

金

會寧府縣三戶三萬一千二百七十金史地理志

肇州縣一戶五千三百七十五同上

隆州縣一戶一萬一百八十同上

咸平府縣八戶五萬六千四百四同上

太宗天會二年四月乙亥詔贖上京路新遷甯江州戶口賣身者六百餘人金史本紀

世宗大定十七年五月省奏咸平府路一千六百餘戶自陳皆長白山星顯琿春河女直人遼時遷爲獵戶移居於此號移典部遂附契丹籍本朝義兵之興首詣軍降仍居本部今乞釐正詔從之金史食貨志

上京蒲與速頻曷嬾胡里改等路明安謀克民戶計一十七萬六千有餘同上

吉林通志卷二十九

食貨志二　田賦上

吉林府

吉林自雍正五年設永吉州十三年田賦之額始著於册乾隆十三年改設同知十四年奏分三則徵銀原額徵陳民地四十五萬四千零五十五畝分別三則銀米各半徵收共徵銀五千一百五十一兩五錢四分米一萬一千三百三十三石三斗八升八合折徵銀一萬一千三百三十三兩三錢八分八釐續增陳民流民報墾地十九萬九千五百九十八畝不分

等則徵銀一萬五千九百六十七兩八錢四分米八百八十三石二斗二升二合折徵銀八百八十三兩二錢二分二釐八丁二萬四千八百六十四徵銀三千七百二十九兩六錢嗣改升府治添設伊通州敦化縣劃撥伊通州丁銀一千四百零九兩四錢九分敦化縣丁銀四兩七錢九分四釐淨徵丁銀二千三百一十五兩三錢一分六釐光緒九年將軍銘安奏准自本年爲始攤丁入地每地銀一兩攤丁銀一錢零九釐六毫三絲　已上額徵地丁大凡銀三萬五千六百五十一兩三錢零六釐每兩增耗羨銀一錢

共徵銀二千三百四十三兩四錢六分九釐六毫留支者二

一廩餼滿合號廩生各二名民籍廩生四名每名餼糧銀四兩三錢九分二釐凡銀二十七兩一錢三分六釐

一祀禮文廟關廟文昌廟春秋祭銀各十六兩社稷山川風雲雷雨八蜡等神春秋祭銀十二兩昭忠祠春秋祭銀四兩三錢祭無祀鬼魂銀八兩霜降祭銀一兩凡銀七十三兩均照章扣二成發八成扣六分減平

共留支銀一百兩零一錢三分餘起運解充餉

額徵原浮納租民地十八萬零八百四十四晌零一分三釐俗十畝為一晌每晌徵大租銀一錢八分小租銀一分八釐府東舒蘭原納租地三萬九千七百八十三晌六畝三分丈出浮多地一萬六千六百五十二晌九畝二分府南烏林溝原納租地一千五百一十五晌三畝丈出浮多地三百九十五晌八畝九

分又南漂河樺皮甸子原納租地五千七百二十三晌四畝四分丈出浮多地四千零三十九晌二畝一分府西南圍場邊荒八牌內東四牌博文篤行誠忠允信四社原納租地二萬三千零五晌二畝五分六釐丈出浮多地一萬一千八百一十六晌九畝九分九釐允信社續丈出浮多地一百八十八晌六畝九分博文社續丈出浮多地五百零七晌五畝篤行社續丈出浮多地二十五晌二畝九分又續丈出生荒地五十一晌六畝二分又西四牌耕讀勤儉敦厚崇禮四社原納租地二萬九千五百七十四晌四畝二分丈出浮多地二萬三千六百二十八晌五畝又西圍場荒溝河原納租地一萬四千七百二十六晌一畝零二釐丈出浮多地九千一百三十一晌八畝三分六釐續丈出浮多地一百四十一晌七畝八分內於光緒十五年咨部開除忠信社六甲烟箭山民戶王福昌包納空租地六十四晌四畝 大租凡

銀三萬二千五百五十一兩九錢二分二釐三毫四

絲光緒十八年將軍長順奏撥舒蘭土門子納租地

五萬二千一百六十四晌爲烏拉協領管下伊通額穆赫索羅佐領管下暨甯古塔琿春額設官兵五常堡額設職官隨缺地照晌數撥給租銀又吉林官兵隨缺地不敷地二千三百六十四晌二畝六分由西圍場荒地內撥補詳見旗地卷內餘均起運充俸餉小租凡銀三千二百五十五兩一錢九分二釐二毫三絲四忽內津貼戶司辦公銀一千二百兩餘作催租八役工食經費

陳民地七十一萬零二百四十一畝分三則徵收應徵銀米地各三十五萬五千一百二十畝零五分內

上則地各十六萬九千六百二十四畝五分中則地各九萬三千三百六十三畝下則地各九萬二千一百三十三畝乾隆四十二年以後續增陳民墾地三十二萬五千八百九十八畝不分等則行差人丁二萬五千一百七十每丁徵銀一錢五分共徵地畝丁銀五萬六千四百九十六兩八錢七分九釐吉林外紀

雍正四年覆准吉林等處有直省百姓情願入籍者准其入籍但不得容匿逃人重犯改換姓名潛居其地必行詢各原籍咨覆到日於戶口册內照奉天所屬民人每名徵丁銀一錢五分會典事例一百三十四

諭戶部議覆索諾木策凌等查丈流民私墾地畝仿照山東科則定賦一摺自應如此辦理流民私墾地畝於該處滿洲生計大有妨礙是以照內地賦則酌增以杜流民佔種之弊且撤出地畝並可令滿洲耕稼不特於旗人生計有益兼可習種地之勞不忘舊俗原非爲加賦起見至若吉林與奉天接壤地糧自應畫一今據戶部查奏吉林所定額賦又係照直隸辦理與奉天查照科則者互異是和隆武專似爲言利起見殊非均平賦額加惠旗人之意所有吉林地畝錢糧應收賦則著交和隆武會同索諾木策凌

乾隆四十六年

詳悉熟籌酌中畫一定額妥議具奏尋經和隆武等覆奏

戶部議准四十二年以前陳民耕種地畝照奉天陳

民例分爲上中下三等銀米各半徵收以後續行查

出私開地畝亦照奉天查出流民地畝加增糧額之

例銀米並徵是辦理既有等差酌中定賦不致畸輕

畸重尚屬可行應如所奏從之皇朝通考五

又定懲匿報之令吉林民人私墾續增查出者每畝

歲徵銀八分仍在旗倉納米二升六合五勺五杪以

懲匿報之弊著爲令同上

吉林寧古塔伯都訥三姓等處各項民賦徵銀地上

則每畝三分中則二分下則一分徵米地上則每畝六升六合中則四升四合下則二升二合續行查出地不分等則每畝徵銀八分米四合四勺二杪零每米一石折徵銀一兩會典事例一百三十八續設廳州縣俱倣此

光緒九年將軍銘安奏言恭查

欽定大淸會典內載康熙五十一年

恩詔嗣後編審人丁止將實數奏聞其續生人丁永不加賦

乾隆三十七年

諭令編審之例永遠停止又載雍正六年戶部覆准奉天府所屬以入籍民人增除不定仍照舊例丁地分徵不

攤入地畝等語謹按吉林在雍正時理事官皆隸奉天府地方民人無多增除不定非若道光以後漸至入籍民戶多於旗戶情形可比故丁糧分徵雖使編審已停而至今仍沿其舊然則丁地攤徵之處編審誠屬虛文其地丁分徵之處編審則爲要務編審停後分徵於有地之戶其弊尚輕分徵於不定之民其弊滋大蓋册止當年之戶而民非當年之名經徵之時官惟照册責之吏胥吏胥亦惟照錄票責之鄉地其實自官至民皆莫辨現在某戶應納某戶不應納以編審停而開除抵補章程亦與俱廢故也於是官惟

以足額爲務民惟以納課爲安其間之吏胥鄉地雖値民戶日繁而猶私造攤補攤賠等名幾致無戶而不擾反以遂其中飽之私官旣破除無計民實貼累無窮有力者憚重遷無力者多逃避實百年之積弊也查關內各直省丁糧多係按地輸納以有恆產者膏腴坐擁食指必繁責以丁銀輕而易舉無恆產者八口雖衆事畜惟艱責以丁銀窮無所措況天下大勢有丁無地者居多有地無丁者絕少取之有地之戶與取之無地之戶事理之順逆難易尤屬顯然各城情形與吉林實屬一律亟宜設法更定仿照內省攤

丁入地為簡易可行唯阿勒楚喀舊額止有丁糧並無地糧無可攤徵三姓地糧之數不及丁糧十一亦難攤入二處仍請照舊辦理外計應徵丁銀攤入地畝者吉林府每地賦銀一兩合攤銀一錢九釐有奇甯古塔地賦銀一兩合攤銀三錢三分八釐有奇伯都訥地賦銀一兩合攤銀一錢三釐有奇覈與會典所載各直省攤丁歸地攤銀一錢一分有奇至三錢三分有奇各數目及一省之內丁糧地糧攤徵分徵分別辦理各成案均屬相符竊維利非百不興害非百不除當積弊之甚深誠不容仍沿其舊現在通省

改設民官民戶日見繁庶編審無再復之理攤徵即
當行之法況丁攤入地内地行之已久流弊毫無合
無仰懇
皇上飭下戶部速議俟奉到部覆後再行司道等覈定細
數行令各屬一體遵照其更定報部徵收細册即請
自光緒九年爲始嗣接部咨如所議行
伊通州
原額陳民舊地二十五萬四千九百八十四畝分三
則徵銀二千七百一十二兩七錢八分五釐徵米五
千九百六十八石一斗二升七合折徵銀五千九百

六十八兩一錢二分七釐續增新地十二萬六千八百零一畝不分等則徵銀一萬零一百四十四兩零八分徵米五百六十一石零九升四合四勺二杪五撮折徵銀五百六十一兩零九分四釐　光緒八年設州由吉林府劃撥行差人丁八千一百七十七徵銀一千四百零九兩四錢九分九年攤丁入地每地銀一兩攤丁銀一錢零九釐六毫三絲　已上額徵大凡銀二萬零七百九十五兩五錢七分六釐徵耗羨銀一千四百二十六兩六錢三分五釐五毫留支者二一　廩餼廩額二名每名四兩三錢九分二釐凡銀八兩六錢四釐　一　祀禮與吉

林同凡銀七十三兩共留支銀八十一兩六錢四釐餘起運充
俸餉
額徵原浮納租民地六萬五千三百六十九晌七畝
四分大租凡徵銀一萬一千七百六十六兩五錢五
分三釐二毫先起運抵充俸餉光緒十八年將軍長
順奏准全數撥爲官兵隨缺地照章徵租解庫放給
小租凡徵銀一千一百七十六兩六錢五分五釐三
毫二絲作催租人役工食經費
光緒十三年將軍希元奏竊臣等前准戶部咨議覆
伊通河南圍場未墾生荒請展限升科並改徵租銀

一摺應將未墾之荒自光緒十三年展限起扣至十六年一律升科惟吉林奉天圍場接壤納租似應一律行令再行遴員確實查勘體察情形仍照原議每畝三分之數起租以昭核實伏查圍荒地畝前經勘明高阜樹根難除低窪積水難撤土薄賦重本非虚飾部議必須覆勘自係慎重課款實事求是之意當經遴派妥員履勘據委員永貴稟覆仍與前員所勘無異並稱圍場西南一隅雖與奉天毗連而一在山陽一在山陰氣候迥不相同又土性磽瘠已墾之地播種曾無多穫其東北一隅樹木叢雜窪甸水塘舉

目即是墾種尤屬不易較之奉天平原沃壤甚覺懸殊況奉天水運道通糧石易於消售吉林糧價較微出售每形遲滯如仍照每畝三分徵租民力實有未逮等語夫徵租爲

國家正供當此整頓賦法之際豈容避重就輕朝令暮改顧地旣有瘠而無肥則賦自從輕而除重此民隱所關有不容已於請命者也昔順治十四年頒行賦役全書良法具在有同此土田此省賦輕彼省賦重一省之賦水田較重山田較輕因地制宜各分等次今部議以爲圍場接壤納租似應一律是土脉本有

肥磽而輸將不容多寡且以接壤而論與奉天圍地相接者則有開原奉化等處其地亦按每畝三分徵租與吉林圍地相接者則伊通河一帶其地僅按省章每晌一錢八分徵租可見租賦輕重全以地土厚薄爲分本不以地名限也大凡事前逆料與事已經辦者虛實本自判然當前將軍銘安請放此荒時因見海龍圍荒墾有成效毅然撥案辦理先曾約計其地十餘萬晌迨開放年餘僅七千餘晌遂有圍荒並非膏腴改徵租賦之奏非前後如出兩人蓋課虛者不如徵實耳今屢次派員查勘所言薄土歉收民困

賦重均無二一致是較銘安所查尤爲情眞事確若必拘定原議不特小民向隅且無以仰副
朝廷減徵薄斂體恤民艱之至意議者又謂圍荒旣在吉林則徵租自有省章可循未便兩歧不知果屬沃土則從重徵收無損於民何妨有利於國所以一再瀆請者正惟地居通省之下賦居通省之上所謂不患寡而患不均也合無仰懇
天恩俯准伊通河南圍荒地暨指撥義學經費地畝仍照通省徵租改銀新章每晌改徵大小租銀一錢九分八釐以紓民力而廣

皇仁如掌

俞允請自光緒十三年爲始所有已墾地畝從前民欠未

完均請照章徵收俾昭劃一部議從之

敦化縣

原額陳民舊地六百四十四畝分三則共徵銀六兩

四錢五分五釐徵米十四石二斗零一合折徵銀十

四兩二錢零一釐續增陳民流民報墾地四百六十

六畝不分等則共徵銀三十七兩二錢八分徵米二

石零六升二合折徵銀二兩零六分二釐　光緒六

年設治八年由吉林府劃撥行差人丁四十二徵銀

地八千四百六十四畝八年查出婁王氏呈控王寬案內私墾地二千二百五十六畝又查出民人墾地一千七百五十九畝十二年查出孫日明呈控孫日雨案內私墾地一百零四畝又丈出封堆迤北廳界內陳民墾地五萬零八百五十一畝十四年丈出拉林河西岸至二道河等處分居另戶及流民墾地一千九百四十九畝內除懷中社濱江被風掏沙壓奏准豁除地十八畝續增陳民流民墾地四萬八千九百零八畝嘉慶十七年丈出南路界流民墾地七千零一十二畝北路界流民墾地八千九百五十八畝拉林河西岸二道河等處陳民墾地二萬三千七百零六畝黑林子等處陳民墾地九千二百三十二畝內除撥補審辦協領伊三保等飛灑攤徵案內缺額地七百零四畝實墾地四萬八千二百零四畝徵銀三千八百五十六兩三錢二分徵米二百一十三石三斗零二合七勺折徵銀二

百一十三兩三錢零三釐　先是八丁一萬四千三百四十九徵銀二千一百五十二兩三錢五分光緒九年攤丁入地嗣據紳耆等稟准長興懷中八豐三社每地銀一兩攤丁銀九分五釐八毫五絲東十甲每地銀一兩攤丁銀三錢六分八釐五毫三絲咨部自十三年起照數攤定徵銀如額　已上額徵大凡銀二萬六千二百七十一兩二錢零三釐徵耗羨銀二千二百八十六兩一錢三分六釐留支者二一稟餼　稟額三名每名餼糧四兩三錢九分一二釐凡銀十三兩一錢七分六釐　一祀禮文廟春秋祭銀十六兩昭忠祠春秋祭銀四兩　凡銀三十三兩一錢七分六釐餘

起運充俸餉

額徵原浮納租民地二十八萬零三百二十七晌八畝八分二萬八千三百七十八晌一畝二分丈出浮多地三萬二千二百九十二晌零二分八釐荒原納租地二萬七千六百七十六晌二畝二分丈出浮多地六千三百二十三晌八畝珠爾山原納租地一萬四千七百一十九晌六畝九分丈出浮多地六千五百九十九晌七畝一分蘊棃場封堆外原納租地九千九百三十八晌四畝三分丈出浮多地二千五百四十八晌一畝八分北下坎原納租地二千三百一十二晌八畝七分丈出浮多地九百四十八晌零二分隆科城原浮地四萬二千一百七十晌哈當阿歸公原納租地四十九晌二畝涼水泉原納租地六千三百六十五晌六畝二分續放務字四號佃民畢仲等地六晌大租凡徵銀五萬零四百五十九兩零一分八釐四毫起運充俸餉小租

凡徵銀五千零四十五兩九錢零一釐八毫四絲八里荒徵銀五百零六兩零五分零五毫留支工食紙筆錢三百五十餘貫閏年加增餘與涼水泉徵銀一百一十四兩五錢八分一釐一毫隨大租銀起運又八號荒新城局大荒溝等處徵銀二千八百九十二兩有奇內津貼伯都訥副都統署辦公銀九百兩珠爾山穡黎場北下坎隆科城晗當阿等處徵銀一千五百三十三兩有奇內津貼伯都訥副都統署辦公銀六百兩餘均作催租人役工食經費

陳民地十萬零四十九畝八分五釐分別三則銀米

各半徵收應徵銀米地各五萬零二十四畝九分二釐五毫內上則地各二萬零二百九十六畝九分二釐五毫中則地各一萬五千零四十畝下則地各一萬四千六百八十八畝乾隆四十二年以後續增陳民流民及婁王氏孫曰明各控地案內並丈出黑林子拉林河西岸等處民人各墾地畝二十四萬五千六百八十三畝不分等則行差人丁一萬四千三百七十五共徵地丁銀二萬六千二百七十九兩一錢一分九釐

道光廿四年將軍經額布等奏竊臣於上年具奏北

路驛站私墾八里荒地畝擅作津貼議請撤地入官徵租一摺戶部議八里荒領墾熟地二萬八千一百十三晌九畝二分若按民地銀米兼徵每畝應徵銀八分米四合四勺二杓五撮如照新城局旗佃租數每晌徵市錢六百六十文固係援案核定爲數未免懸殊檢核各案如珠爾山蘊梨場涼水泉及現報之八里荒皆隸伯都訥管轄該處十畝謂之一晌按旗佃租數每畝僅徵制錢三十文爲數實覺過少且與新城局之地暫令民種將來仍歸旗地者不同是以前議涼水泉墾荒案內奏令照改民佃科則增租此

次自應一律核辦況該處荒地既已墾熟聽民承種交租既與恒產無異應從長議定租額以裕度支其珠爾山蘊梨場原議租數較輕是否可照民地科則酌增亦由該將軍詳加體察奏明核辦臣等遵即行令增租去後旋據伯都訥副都統倭克精額咨開據新城局協領闊普托等呈稱遵查歸局徵租地畝均係豫備撥給京旗耕種珠爾山蘊梨場先後歸局收租亦備京旗之用故按每晌徵大小租市錢六百六十文與舊章相符今奉飭增租當赴地所履勘珠爾山蘊梨場之地均在新城局迤北坎下河川地皆瘠

薄獲糧無多且歷年米價甚賤售脫維艱按晌徵制
錢三百三十文佃力已多竭蹶若照民地加租勢必
流離逃散至八里荒之地與新城局毗連若按每畝
銀米兼徵即屬民地未便歸局徵收並以八里荒地
畝將來儘堪安置京旗未便驟作民地等因伏查八
里荒地畝自嘉慶年間前將軍富俊撥給北路各站
津貼差務每晌糧止五斗二十餘年未曾加增上年
查辦此地訪察站務情形不致竭蹶是以撤地入官
照墾荒舊章議租共徵大租錢一萬六千餘貫請以
充餉此較原租五斗之糧僅值銀一錢五六分者已

稍加增若如部議則比原租倍而又倍不但民力維
艱且站丁收租糧止五斗一經入官卽加數倍之徵
殊於體制未宜此加租之不可者一也旗地徵租民
地徵賦名目本自不同民人佃種官地遇有欠租事
故卽應撤地另佃原因地非民置故與恒產有殊今
若改爲民地銀米並徵名實旣不相符且顯示民種
官地者皆得據爲已有是官地作民產佃戶爲業主
民不圖占而官實導使占之從此啟民占旗地之端
何以防微杜漸此照民地徵租之不可者二也吉林
墾荒歷有舊章如雙城堡旗佃每晌徵糧五斗隨缺

地租每晌徵市錢五百文新城局民佃每晌徵大小租市錢六百六十文蓋緣租輕則民踴躍租重則民觀望故從前議租較輕殆有深意存焉今若改從民地徵收輕重懸殊此後開荒議租無所遵循且使民畏重租勢將退縮瞬届雙城堡開荒誠恐招佃領地認墾定租事事皆形掣肘由此推之加租乃一時之利貽後日之難此更改舊章之不可者三也吉林乃
聖朝根本之地前既移駐京旗此後生齒日繁更將續議移駐故吉林每逢開地必宜籌計京旗地步八里荒墾熟二萬八千餘晌長百有餘里寬三四里至七八

里不等與新城局毗連可安置京旗五六百戶若續移之時照雙城堡成案除留給原佃各十晌或十餘晌其餘分給京旗每戶三十餘晌使之得種熟地民佃亦分恒產實爲兩有裨益如即以民地徵租是使此地永爲民業異時撤地歸旗民佃有觧措置不易此輕棄旗地之不可者四也伏乞

聖明洞鑒俯准仍照舊章庶地不爲民產民亦可以相安迨後撤地歸旗自無窒礙珠爾山藴梨場地亦備接濟京旗之用歸局徵租相安已久且地非腴美殊難加租累民應請照舊徵收期無紛擾惟涼水泉地既

交同知徵收即屬承爲民地現據伯都訥同知以地
實磽薄請免加租已派員前往覆勘容俟勘明另行
奏辦節錄摺檔

光緒三年將軍銘安奏竊臣等檢查接管卷內光緒
二年四月奉
上諭近聞東三省所屬各城尚有可耕地畝現在京旗戶
口愈增生計愈促如將八旗官兵願往者分次撥往簡
派大員督辦屯田事務會同該將軍經理是否可行著
穆圖善豐伸體察情形有無窒礙之處據實具奏當經
前署將軍穆圖善先將大概情形具奏在案臣銘安

到任後查閱案卷伏讀
列聖訓言及擬辦章程仰見我
國家裕策屯田推恩旗僕無微不至臣等世受
國恩允宜殫心區畫惟今昔情形時勢殊異其窒礙難
行之處有不得不據實瀝陳者溯自乾隆九年初次
辦理拉林屯田撥駐京旗後經將軍富俊於嘉慶年
間開墾雙城堡荒地九萬餘晌先由奉天吉林閒散
餘丁內挑選三千名給予牛具籽糧試令承墾原議
推駐京旗三千戶繼因觀望不前改撥一千戶計每
京旗一戶給地三十五晌每旗丁一戶得地十八晌

三畝三分先後由京移撥到堡六百九十八戶未到者三百零二戶其地即歸原墾旗丁承種納租充餉道光年間續經富俊奏請開墾伯都訥荒地二十餘萬晌分爲治本於農務滋稼穡八號名爲號荒備撥京旗招民承墾每戶給地三十晌俟京旗到日撥交二十晌十晌即爲佃民産業是爲旗二民一之地迄今五十餘年京旗並無一戶移來地畝均已成熟即由佃民等每年納大小租制錢三百三十文此初辦屯田及備撥京旗之原委也在

國家體恤旗人生計按戶授田給資治具幾於纖悉無

遺而八旗人等猶復憚於移徙者誠以吉林天寒地僻物產不豐京旗之人素又未習耕作胼手胝足是所難堪兼在京旗人尤以報效當差爲務近值文教昌明更以讀書應試爲榮驅功名仕宦之人强之使耕又奚怪其裹足不前也計移撥京旗自治裝以及房井器具日用所需均由官爲備具每戶約用銀二百兩以雙城堡未到之三百零二戶言之已需銀六萬餘兩加以號荒墾熟之十萬八千晌全行撥駐則所需又不啻數十萬徵諸庫帑支絀巨款難籌即使挹彼注茲而辦賊辦賑猶虞不足勢必先其所急況

馬賊肆擾有年土著之户尚不聊生若强京旗使來更難安業此數千户旗丁民佃數萬名口耕食鑿飲歷久相安一旦撤其熟地縱擇間荒另爲安插竊恐安土重遷不適有居亦非綏靖撫循之道臣等愚昧之見謂與其撤地歸旗諸多窒礙不若因勢乘便俾免紛更去歲派委通判王紹元前往查明稟覆據稱該處旗民佃户因間有復撥京旗之説紛紛呈訴雙城堡京旗餘丁永成等五百餘名呈稱伊等祖父自道光四年移撥來堡每户給地三十五晌迄今五十餘年支庶蕃衍生齒日增原領之地不敷餬口現堡

屬尚有未來之三百零二戶地畝一萬餘晌懇請撥補餘丁等作爲恒産仍免納租願每地一晌輸市錢三貫以濟餉需等語查同治八年前將軍富明阿奏請將雙城堡京旗逃逸之二百二十餘戶地畝撥補京旗餘丁奉部覆准有案今該丁等所呈覈與成案相符又伯都訥號荒一百二十屯紳士聯名呈懇據稱伊等祖父原領旗二民一之地食毛踐土歷有年所今若撥駐京旗將地撤三分之二丁口繁庶生計愈艱必致失所可否捐貲助餉懇將此項地畝作爲伊等産業臣等詳加詢訪其號荒各佃領種多年傳

衍數世小民無知不諳旗二民一之義以爲此地是
伊等祖産更有輾轉典賣之戸忽聞抽撤歸旗羣相
疑懼今若遽令退出生計維艱已屬可憫且恐流離
失所或致別滋事端現當整頓地方之際各處流民
尚須設法安插自未便將有業之民驅逐遷移轉無
容身之地唯移撥京旗事關重大況係奉
旨飭查之件未敢率行批准謹據實瀝陳合無仰懇
天恩俯准將雙城堡備撥京旗之三百零二戸地畝合餘
丁等承領伯都訥號荒一百二十屯地畝給佃民等
永爲恆産之處出自

逾格仁施奉

旨報可旋經戶部議駁又奏謂雙城堡留撥京旗未到之

三百二戶已由總管均勻撥定所有地畝一萬五千

七百晌屯旗人願每地一晌捐錢三貫共捐輸市錢

三萬一千七百一十貫頃已收齊聽候指撥伯都訥

屬號荒地畝已經委員傳集紳民等籌商請照荒價

減半每地一晌捐市錢一貫零八十文以一貫助餉

八十文爲書役工費數月以來事已垂成未便收回

成命奏上如議行

賓州廳

行差八丁一千一百七十六官莊八丁三十六名徵銀一百八十一兩六錢按廳額止有丁糧無地糧可辦仍循其舊徵耗羨銀一十八兩一錢六分均起運充俸餉　原額納租民地八萬四千零三十五晌八畝一分光緒六年丈出浮多地九萬一千五百五十八晌三畝三分八年丈出浮多地六百六十一晌二畝三分螞蜒河原放荒熟地七千一百一十五晌四畝三分又因建修城垣公用撤出站丁白富喜原佔寬恩社內地段撥補二百九十九晌五畝六分續放螞蜒河荒地一萬一千零六十三晌六畝凡地十九萬四千七百三十三

晌九畝六分大租徵銀三萬五千零五十二兩一錢一分二釐八毫十八年將軍長順奏撥蜚克圖站迆東納租地一萬零六百五十二晌爲阿勒楚喀官兵隨缺地照晌數劃撥租銀餘起運充俸餉小租徵銀三千五百零五兩二錢一分一釐二毫八絲津貼阿勒楚喀副都統署辦公銀九百兩餘作催租人役工食經費

謹按阿勒楚喀丁糧今分隸賓州廳同知雙城廳通判徵收

光緒六年將軍銘安奏言上年七月間據阿勒楚喀

副都統富和咨稱阿屬山東前放八萬二千晌荒地
界址不清現查出柳樹河甬子溝一帶復有開墾無
照地畝前後共計一萬四千五百八十六晌有奇當
派通判王紹元等履畝勘丈會同協領桂全親詣老
營口山內查得距山三十餘里大青背山係阿屬圍
場正身其山東北至甬子溝河南西南至香爐砑子
袤延一百餘里均屬圍場邊界層巒峻嶺人跡僅通
其中石洞河夾板川等處每遇平川數里俱有居民
一二十戶三四十戶不等徧行周歷共查出礙圍佃
民九百十餘戶墾熟地畝一萬餘晌現僅存大青背

山附近斜長四五十里寬十數里之地未經侵礙伏

查阿屬圍場係講武捕鮮之所例應封禁乃因早年原放荒地委員經理不善均被攬頭欺朦以致多所侵佔近年圍獵久停官長亦耳目不及故民愈聚而愈衆地愈墾而愈多現據查明居民不下千家墾地且逾萬晌圍場界址侵佔無餘若概予驅逐各佃民耕鑿相安轉使流離失所況入煙稠密禽獸早無處潛蹤事隔多年勢難規復再四思維與其重遷安土益少害多何如就地養民增租裕課合無仰懇

天恩准將柳樹河甬子溝佃民開墾礙圍之地一律清丈

給照升科另擇寬大山場以備圍獵之處出自
聖主逾格仁慈奉
旨報可
五常廳
原額納租民地十萬零三百八十九晌七畝七分九
釐丈出浮多地一萬七千零十九晌六畝七分凡地
十一萬七千四百零九晌四畝四分九釐大租徵銀
二萬一千一百三十三兩七錢零八毫二絲起運充
俸餉小租徵銀二千一百一十三兩三錢七分零八
絲二忽津貼五常堡協領署辦公銀六百兩餘作催

租入役工食經費冊報

雙城廳

行差人丁一千七百九十官莊閑戶人丁四十一徵銀二百七十四兩六錢五分按廳額無地糧可攤故丁糧仍循其舊耗羨銀二十七兩四錢六分五釐均起運充俸餉請旌節孝建坊銀在此款內支領　原額納租民地六萬四千八百五十晌零六畝七分丈出浮多地一萬一千七百五十七晌五畝一分凡地七萬六千六百零八晌一畝八分大租徵銀一萬三千七百八十九兩四錢七分二釐四毫光緒十八年將軍長順奏撥東官佃板子房等

處地九千晌爲拉林官兵隨缺地照晌數撥給租銀餘起運充俸餉小租徵銀一千三百七十八兩九錢四分七釐二毫四絲津貼拉林協領署辦公銀二百二十五兩餘作催租人役工食經費册報

甯古塔

原額陳民三則地四萬五千五百十六畝應徵銀米地各二萬二千七百五十八畝續增流民墾地一千三百二十一畝不分等則共徵銀一千六百九十八兩零四分六釐　先是八丁一千三百五十徵銀二百零二兩五錢光緒九年攤丁入地每地銀一兩攤

丁銀三錢三分八釐有奇　已上徵收銀兩均起運充俸餉册報

乾隆二十七年定甯古塔等處禁止流民例凡甯古塔地方開檔家奴及官莊年滿陳入民籍人等係世守居住不能遷移者令照舊種地納糧其本年查出甯古塔種地流民安插吉林烏拉伯都訥等處將丈出餘地撥給耕種入籍納糧吉林烏拉編入里甲入册交糧嗣後復有流民潛入境地者將看守邊門官員嚴參議處皇朝通考十九

三姓

陳民三則地一百二十畝徵銀一兩二錢米二石六斗四升折徵銀二兩六錢四分乾隆四十六年續增流民墾地六十六畝不分等則徵銀五兩二錢八分米二斗九升二合五勺折徵銀二錢九分二釐零五絲

永疑社四甲行差八丁四百零九徵銀六十一兩三錢五分地銀故未攤入地畝按三姓丁銀之數多於

已上額徵大凡銀七十兩零七錢六分二釐零五絲徵耗羨銀六兩七錢八分三釐册報

琿春

光緒六年將軍銘安等奏請開放荒地五千八百五

十四晌十二年由敦化縣劃撥哈爾巴嶺迤東南岡等處生熟荒地一萬七千九百九十八晌五畝本年升科熟地三千九百四十一晌餘山認墾之年起限十年後一律升科册報十七年清丈黑頂子屯兵墾地一百四十四晌三畝五分大租徵銀二十五兩九錢八分三釐小租徵銀二兩五錢九分八釐三毫十九年勘丈已交荒價熟地二萬七千七百四十晌零一畝四分大租徵銀四千九百九十三兩二錢二分五釐二毫小租徵銀四百九十九兩三錢二分二釐五毫二絲又未交荒價已墾成熟地一千五百零二晌

八畝七分已交荒價未墾成熟地一萬零三百五十五晌三畝八分未交荒價未墾成熟地三千三百零四晌五畝文移

十一年戶部議准據吉林將軍希元等以制錢不敷周轉擬將雜稅土稅地租改徵銀款作爲永遠定額其燒鍋票課釐捐斗稅仍照舊徵收等情具奏查徵收課款無論銀錢均應實存在庫吉林以現錢不敷憑帖搭交不足以計久遠今奏稱改徵銀款永遠定額由經徵各員以現銀解庫係爲革除抹兌整頓庫儲起見臣等公同酌商所有應徵雜稅土稅荒地租

賦地賦大租徵錢六百文改爲一錢八分小租徵錢六十文改爲一分八釐俱改徵銀款其餘照舊徵收錢款均擬如所請辦理唯徵收錢款相安已久今驟改爲銀款恐制錢既未充裕銀兩亦非果有盈餘儻差役人等或借口餘色補平火耗等項多方需索是未能便民反致擾民尤不可不豫爲防範應請

旨飭下吉林將軍等實力查察以杜弊端務期於庫儲民用兩無窒礙

十八年將軍長順復奏請銀錢兩收以期便民凡地二十晌以上之戶納租時以八成交銀二成交錢二

十晌以下之戶銀錢悉從其便從之